2023.10.4

陳年的台南女兒紅

亭・看聽！
妃常女力養成記

CHEN TING FEI

李惟境・著

時光膠囊：陳亭妃真的沒有整型喔！

2023

陳亭妃形象照

1998

時光膠囊：是小編錯置時間嗎？

2023

妃妃姊姊

1998

小公主養成記

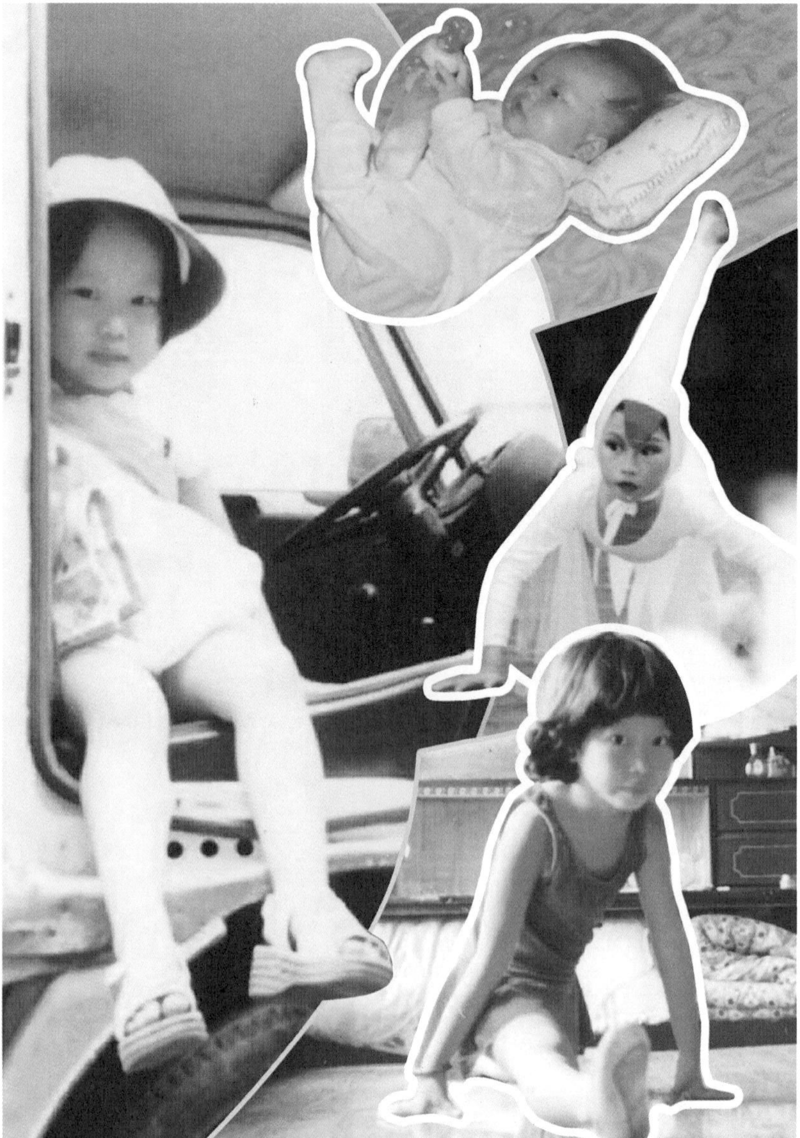

●亭妃小公主可是鋼琴舞蹈樣樣來

哈哈哈！亭妃泳裝照首次大曝光

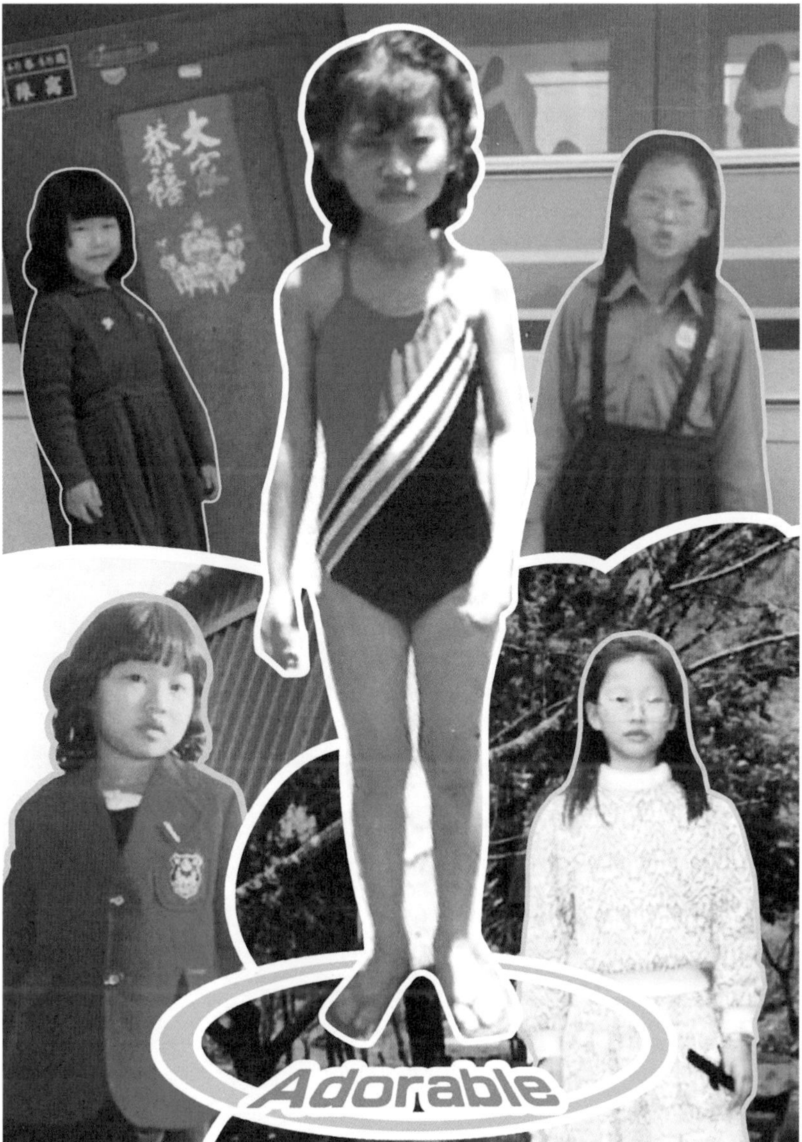

● 亭妃也有長髮披肩的時候

亭妃的高中與大學

● 大學的畢業劇展，我居然就演媽媽了

● 高中聯考壓力開始發福照！

從採訪者到被採訪者的身分轉換

議員初體驗：質詢與走秀

● 有看到我自己製作的海報嗎？

● 新娘走秀過過乾癮

● 質詢架勢十足吧！

媽祖亭妃！立委的斜槓人生

跑行程像自我充電

● 衝衝衝！選民是我的靠山，他們就像我的家人

爸爸、媽媽、阿嬤——亭妃的最佳助選員

● 26 年前首次參政，我是陳佳照的女兒

● 媽媽的一路相伴

● 阿嬤到處走透透，推薦她最可愛的孫女

巨蟹座的陳亭妃，最愛在家放空

● 姐妹 40 年的同床異夢

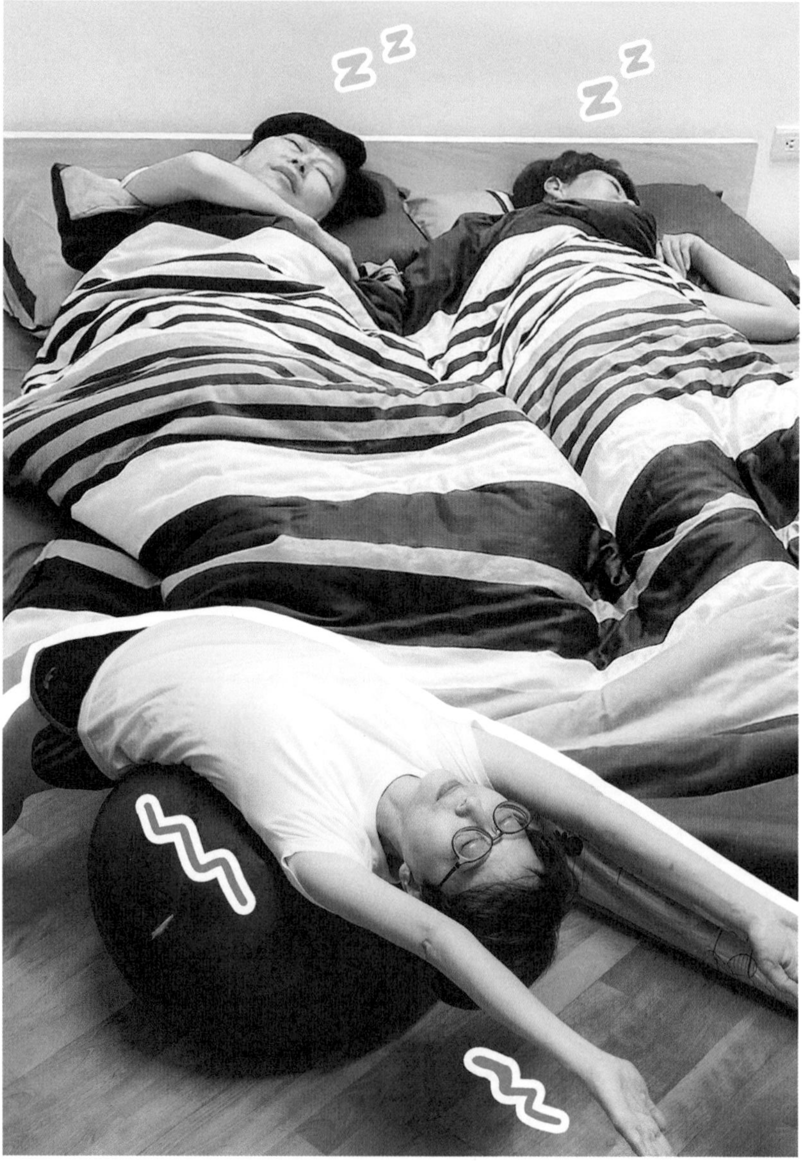

● 回到家偷閒運動就是享受生活

東市場、沙卡里巴～亭妃出生與成長的地方

原來我的阿嬷和媽媽年輕的時候這麼美！

● 家人滿滿的愛，圍繞著小亭妃與小怡珍

爸爸爭取大港國小，孕育無數的地方學子

● 讓大港寮發展成為北區另一個重心

爸爸美食百寶袋

阿憨鹹粥虱目魚粥

永樂燒肉飯

台南老店菜粽

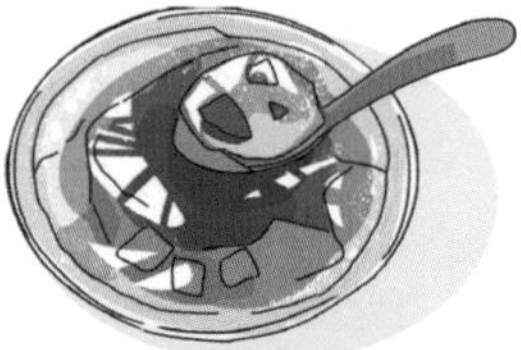

富盛號碗粿

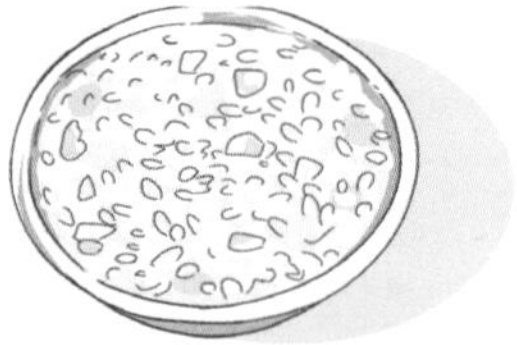

水仙宮廟後素食地瓜粥

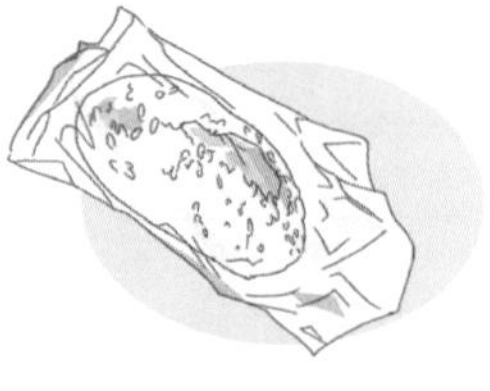

水仙宮原味飯糰

和緯蝦仁飯

福泰飯桌

推薦序——前總統　陳水扁

重返 319 現場

陳亭妃委員是阿扁認識的政治人物中最優質的一位，也是未來台南市長最被看好的有力人選。

記得二〇〇〇年總統大選前的下鄉之旅，在台南府城的一場午宴，台上的兩位主持人陳亭妃與邱莉莉，都是一九九八年新當選的議員。陳亭妃不過二十四歲，口才便給，台風穩健，讓阿扁留下非常深刻印象。

原來陳亭妃從小就是媽媽在台南沙卡里巴賣衣服的得力助手，七歲時更拿起麥克風，成為全國最年輕，也是議員爸爸陳佳照的最佳助選員。

二十三歲嫁給台南正式走上從政之路。一九九八年第一次參選，以惟一婦女保障名額席次，擊敗最高票參選人謝龍介，阻斷謝龍介的市長夢。

三任市議員，四屆立法委員都高票當選，二〇二〇年還成為全國得票率最高的立法委員。其傑出的問政表現，熱忱的服務態度，贏得選民極佳的口碑。

還依稀記得，二〇〇八年陳亭妃三十三歲，以三屆議員之姿，被黨提名為立委候選人，對手則是國民黨的明日之星王昱婷，只大陳亭妃一歲，已是三任立委。幾乎沒有人看好陳亭妃的選情，要人沒人，要錢沒錢，選前最後一夜造勢晚會也沒規劃舉辦，是被黨中央忘記並遺棄的候選人。

所幸有游錫堃院長的主動關懷，建議利用阿扁總統重返 319 現場，特別情商出席當晚臨時舉辦的造勢大會。重返 319 現場車隊遊行，靠近水萍塭，阿扁看到陳亭妃，馬上把她拉到宣傳車上，一起掃街拜票。同時變更行程，晚上再折返樺谷飯店外面廣場參加造勢晚會，現場萬頭攢動，最後險勝 943 票。從此斷掉王昱婷的市長之路。

台南市是綠到出汁的民主聖地。二〇〇八年同榜當選的賴清德已經是兩任市長到競逐總統大位，黃偉哲則為連任市長。尋求立委五連霸的陳亭妃，一般認為下一任的台南市長由女力代表出線，陳亭妃是不二人選！

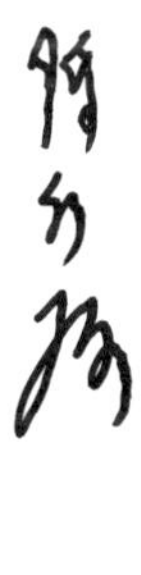

推薦序——行政院長 陳建仁

在詭譎多變的政壇中，不變初衷

陳亭妃，眾所皆知是立法院的鐵娘子、不畏強權的女戰神，也是為台南鄉親積極奔走謀福利的拼命三娘。但是與她接觸過的人，都覺得她「有溫度」。

「陳年」的台南女兒紅，如何跟「妃妃姐姐」陳立委撞出火花？原來在她年輕的歲月當中，已經和台灣民主政治密不可分了四十三年，甚至是懵懵懂懂的幼兒期，地下電台的民主聲音就是她成長的養分，再加上經由家鄉台南的釀造與浸淫，這份濃醇自然越陳越香、饒富韻味，益加內化為台南政治女力的最佳代言人。

陳委員身為一個六年級女子，從阿公當年為了理想辭去鐵路局公務員的鐵飯碗，毅然決然回到台南將軍打棉被；到勞工爸爸陳佳照為了幫助別人而開始萌發的從政夢，無異種下了她和政治的不解之緣。家庭本土意識的教養，讓她與同期受黨國教育的其他學生，有不一樣的民主政治思維，養成政治的熱忱與堅定的台灣心。她所經歷的一切，恰巧是台灣民主成長的重要軌跡，從黨國填鴨式的教育體驗，到廢省、第一次直選總統，最終走到政黨輪替，每個情節在她的內心衝撞，深植台灣意識並且萌芽茁壯。

與陳委員接觸都是為了公務，不論何時何地，都無法忽視她的強烈存在感，為了關注的事物絕對窮追不捨，不努力到最後一刻絕不罷休，仿佛生活中只有鄉親、政治與服務。居然可以在詭譎多變的政壇中，不變初衷，永遠保持直率執著、活力爆點、熱情滿滿、衝勁十足，真的會被她所感動。其實陳委員對於政治只有簡單二字，只要是做對的事情就「堅持」不放棄，凡事以「為民付出」為己任，即便忍受孤獨與艱難，也絕不輕言妥協，向自己的目標勇往直前。

經由此書，大家可以真正瞭解陳委員就是「簡單、真心、溫度、堅持」。

徐建仁

推薦序——立法院長　游錫堃

妃常打拚，妃常認真，妃常上進

「選民至上、服務第一」就是我認識的陳亭妃，永遠不改初衷。走上政治之路，跟她的家庭不無關係，但是她青出於藍勝於藍，滿檔行程中的她精神奕奕如鐵人，與時間競逐疾風般的腳步連貼身採訪的記者也跟不上。

從這本書您可以一探陳亭妃委員的「真」與「堅持」。

她，妃常打拚。

陳亭妃從政的初試啼聲都不輕鬆，都是在普遍不被看好的狀況之下完成使命，議員、立委皆然，雖然當選之後，她每戰必勝，但是這樣的成績，絕對不是僥倖而來，是因為二十六年來她都非常努力、打拚。她認真研究各項議題，選民託付的工作她一定要做到最好。這也是為什麼她當上台南市黨部主委時，可以是民進黨全國最年輕的主委，也因此展開了我和她的政治情誼與緣分。

她，妃常上進。

她擔任議員之後，不僅勤於累積知識，她也不忘繼續進修，後來她順利取得碩士、博士學位，如果不是有著旺盛的求知慾和上進心，無從在忙碌的質詢、審預算、選民服務行程空檔中，擠出時間去修課、寫論文，遑論取得學位。

她，妃常認真。

書中有提到二〇〇八年她第一次選立委時與我的互動，讓我想起當年的情形。那年選前，雖然我已經辭任黨主席，但仍被聘為中央黨部首席顧問，每週列席中常會，有機會看到黨中央民調。當時被提名的候選人，民調分為A、B、C三級，A級是贏5%以上，B級是-5%到+5%之間，C級是-5%以下。選舉結果，A級有人落選，B級全部落選，C級則只有陳亭妃一個人當選。

那年民進黨的全國區域立委當選 13 席，濁水溪以北只剩林淑芬和余天，不分區立委當選 14 席，民進黨立委全部加起來只剩 27 人。陳亭妃為什麼能當選？很多原因難以歸結，我只能說，她真的非常認真，穿破四雙鞋。

她，妃常有心。

二〇一〇年，早已卸任公職的我，以民間之力推動《有機農業促進法》。但是，要推動一部法律，豈是容易的事？我以仰山文教基金會為平台，結合許多朋友，一起蒐集立法資料、研擬論述、邀請專家學者舉辦研討會，也曾經費了九牛二虎之力，親自去拜會當時農政部門政務官及立法院院長等。但是，畢竟是民間單位，無法在立法院提案，為此，我致電陳亭妃委員和陳歐珀委員幫忙，兩人都熱誠相挺。陳亭妃委員不僅為所當為、義不容辭，還常常協助相關繁瑣資料的蒐集。歷經七年努力，二〇一八年，立法院真的通過了《有機農業促進法》，這是我國第一部人民立法的成功案例。有人歸功於我，其實，背後還有許許多多像陳亭妃委員這樣傾力相助、為所當為，為了打造一個吃得健康、生態永續、友善地球的美麗臺灣而努力的奉獻者。

也是因為我以民間人士身分推動《有機農業促進法》，才體會到陳亭妃委員做選民服務真的是親力親為。何況我並不是她的選民，她協助提案並促成這部法案通過，並非為了她的選區，而是為了台灣的未來。

她，妃常貼心。

去（2022）年7月，全世界仍籠罩在新冠肺炎疫情之下，我帶領「立法院跨黨派國會議員訪問團」前往歐洲進行國會外交，一路訪問了捷克、立陶宛、波蘭、法國等，過程中有許多重大的突破。或許是太勞累，也或許是歐洲國家戴口罩的風氣並不盛行，7月底搭飛機返國，在機場快篩就發現確診了新冠肺炎。這場病對我影響甚大，也因此導致我被迫在防疫旅館中隔離、養病，8月3日無法親自在立法院接待美國眾議院議長裴洛西女士，失去對談的機會，殊為可惜。

當我好不容易快篩轉陰，離開防疫旅館，身體依舊不舒服。這才知道我得了俗稱「長新冠」的後遺症。陳亭妃委員從報紙上看到這則消息，親自帶著有特殊功效的老茶，還附送煎藥的藥壺等器具，仔細地教我怎麼煮來喝。我半信半疑，依照著她說明的方法喝了之後，長新冠竟然就很快的痊癒了。只能說，陳亭妃委員真的很貼心、很仔細，就像是呵護自己的親人那樣照顧像我這樣的長輩。實在很感心。

在我觀察，民意代表的志業，陳亭妃委員做得妃常積極、妃常傑出、妃常專業、也妃常周到。

但我知道，陳亭妃委員不斷追求進步，也真的是不斷在進步的人。為了這片土地，她還懷抱著許多抱負、擘畫著遠大的藍圖，希望能繼續發揮「妃常女力」，得到選民的支持，並結合有志之士，共同踏上實踐的道路，一起為台灣的未來打拚，早日實現國家正常化的美麗願景。

游錫堃

推薦序——前台南市長 許添財

值得選民信賴的立委

陳亭妃立委要出書，來訊要我幫她作介紹。個人雖早已回歸學術，不在其位不敢言政，對眾多的時代菁英、咨爾多士，願意不畏艱險，挺身而出，為民前鋒、夙夜匪懈的政治人物，除了敬佩，更不敢輕言置評。惟生平第一次有如此知名的政治人物，如陳亭妃委員者，不嫌棄我的淺陋，願意邀我在其問政專著出書前寫序，我身感與有榮焉，就大膽來寫幾句話吧！

陳亭妃委員出身府城基層，早在一九九八年就以無黨籍身分當選台南市議員，後來加入民進黨，並於二〇〇二、二〇〇六年分別再以第二與第一高票連任議員，顯見她的問政與服務早就受到選民很大的肯定與支持。

二〇〇八年她以些微票數擊敗國民黨的現任立法委員王昱婷。真不簡單，王昱婷委員在我心目中是一位屬於少數表現良好的國民黨籍立法委員。

記得，那時候大量耳語就批評陳亭妃太年輕，不像現在非常普遍以年齡攻擊對方。我當時身為民進黨籍的市長，理所當然擔任民進黨立委選舉助選的主任委員。我就公然指出，在我二十九歲時，堂堂的大學都可以讓我當上系主任，還主掌整個學校的財務大任，她學經歷完整，為民服務的熱誠與績效有目共睹，為何不能選她？

那一次，我太太也破例親自率隊參與她競選服務處的助選工作。我則請假陪她掃街。理由除了同黨籍的任務，更重要的是她真的優秀又認真，值得選民信賴。

從此，她一直很順利的步上國家民主的殿堂，表現一樣良好，可圈可點。我是過來人，政治是一條艱辛的路，而且時勢使然，會越來越艱辛，這讓我更欽佩她的堅持與奮鬥。當然，包括我自己也一樣，人非聖賢，怎可能十全十美？但不忘初衷，她在我看來，還是少數難得的一位為民服務認真、盡責的政治人物。

寫到這裡，我也不諱言，真的在台灣政黨政治形成的今天，有些人一時憑藉政黨名號當選，對選民的服務就會擺在個人包裝、傳媒宣傳之後，與支持者的互動也難免大小眼，甚至連問政施政，在心中總優先計量那

「兩票」。一旦掌權者對「兩票」考量絕對優先，社會呼求正義公平與進步，甚至從另一面看，為個人痛苦而求救的人也難免越來越多。

當社會安全與秩序更加混亂，嚴刑峻法就一加再加，弄到連奉公守法的人也被弄得越來越不自由。這樣的話，政黨無法良性發展，人民也不能得到更好、更公平的服務，我們國家社會進步的腳程也會被拖延。這一點，陳亭妃立委就堅持得很好，非常值得肯定與鼓勵。

在此，讓我們一起對陳亭妃委員說聲：加油！並祝天佑台灣，國泰民安！

目錄 contents

推薦序

壹 開箱週間陳亭妃

貳　政治世家DNA

參　公主進化論

肆　政途列車→Next

00 以「家」釀造的成長百味

雙肩後背包沈甸甸地伏在背上，白色 T-shirt 與黑色直筒褲相襯，踩著靈巧的腳步、頂著豐盈的短髮，匆忙趕上南來北往的高鐵，穿梭大半個台灣的路途，只為——「歸途」。

地方廟宇的落成慶典，隨著爆竹聲響徹，紅色碎紙花扶聲而起，傳統習俗的熱烈歡騰，烘托出古都金燦燦的文化風光。

台南——是童年、是青春、是歷練、是故鄉，是過去以及未來希望的棲所，亦是陳亭妃的家。

在新聞播報的質詢畫面中。一頭烏髮俐落有型，身著素色西裝外套，內搭一件輕便白衫，站在質詢台前，一手緊攥著資料、一手依著情緒揮舞，散發犀利、強勢的問政氣場。

對陳亭妃的第一印象是強悍，但實際上的她真是如此嗎？

一位女性立委，在台灣民主政治中耕耘二十六載。她，生於地方、長於地方，台南這塊土地孕育著她，有滋養、有磨礪，有著陽光明媚的晴朗，也走過路途的風雨飄搖。

幼時，她是如何受父輩的耳濡目染，在心中種下一顆從政的種子，自此生根、發芽、茁壯；女性的身影，給了她怎樣的教養，成為如今政壇上一股強勁女力。

是什麼樣的魅力，讓她能夠獲得選民青睞？

投身政治的決心，與用之不盡的熱情，又是從何而來？

這本書紀錄下陳亭妃多樣的面貌，寫下她隨著台灣民主一同成長的篇章，也寫下她投入民主政治的點點滴滴。

翻動扉頁，跟上「妃妃姐姐」的腳步，尋找成為「最年輕，也最資深的女力」解答。

開箱週間
陳亭妃

01 直擊！螢光幕後

螢光幕露出前，要先打理得光鮮。她坐在椅子上對著鏡子練習微笑，化妝師與髮型設計師左右開攻，腮紅刷在蘋果肌上點綴色彩、眼線筆細細勾勒出眼眸神采、蓬鬆的頭髮再燙上電捲棒堆疊出層次、揮灑定型液定格俏麗光彩。奪目耀眼，不消幾分鐘光景。完妝後的陳亭妃邁大步伐，前進攝影棚。

推開厚重大門，工作人員在影棚來回穿梭，確認器材設備。強勁的冷氣不斷吹送，一旁的我們忍不住直打寒顫。錄製前，來賓們與主持人輕鬆聊著天，難以想像平常電視裡所見，談話性節目中，唇槍舌劍的場面，幕後竟是一片祥和。

＊真如質詢般言詞犀利？

「五、四、三、二、一」導播指示聲落定，三台配置滾輪的大型攝影機在棚內起舞，時刻捕捉主持人和來賓們的互動反應。陳亭妃面對鏡頭始終微笑、瞳眸發亮，當其他來賓的言談引發她共鳴，嘴角揚起的弧度與認真的神情，無一不透出她內心的支持與認同。

輪到她發言時，目光銳利、語氣懇切，情緒雖然高漲著，語氣卻相較於質詢時，溫和許多。興許是戲劇系背景使然，秉持著「演什麼就要像什麼」的演員態度，她的肢體語言豐沛而協調，手部配合著發表內容上下比劃，讓論點更具穿透力；臉上的表情變化鮮明多樣，瞪大眼睛表露驚訝、嚴肅地皺眉、瞇起眼來尷尬地笑等，讓情感表達更加具象。

螢光幕後的陳亭妃，遠比想像中親切。雙肩背起自己的大背包及紅色提袋，她面帶清朗悅色、雙手合十、微微鞠躬，向在場的所有人員道上一句：「辛苦了！」才趕忙離開。

02 每天05:00晨起的日常

結束電視節目的錄製，我們加緊腳步跟上她。纖瘦的身軀揹著比腰桿還寬的黑色巨大包袱；單薄的肩上再扛起裝滿文件資料的紅色提袋，陳亭妃走進南港高鐵站內的便利商店，買一杯熱美式提振精神。身為慢活代表的台南人，腳程卻比台北上班族還要迅速，一不留神可能就在車站人海中搞丟她的背影。

每日往返南北，簡直把高鐵當成公車在搭，進出閘門與月台的最短距離早已被她摸透，獨留我們還像個觀光客，反覆確認南下列車的手扶梯去向。上車找到座位後，她熟練地拿出頸枕安上脖子，將手邊資料攤在前方的小桌，詳細閱讀並標註筆記，偶爾啜一口咖啡提提神。讀累了，便靠上椅背閉目養息，在通勤的間隙裡，為自己接上快速充電裝置，補充體力。

✻ 騙人吧！立委開這種車？

傍晚時分，抵達台南站。停車場所見，沒有外界想像的名車，惟有一台普通的小客車。我們乘上亭妃稱作「小ㄅㄨㄅㄨ」的 TOYOTA SIENTA，從高鐵站一路返回她溫暖的家。對於近三十分鐘的車程路況瞭若指掌，她自信掌舵，並解釋著往返家和高鐵站的交通情形，大多時候的通勤狀況都逃不出她的方向盤。因為趕高鐵的時間常常異動，又不時有清晨搭首班車的需求，陳亭妃想想覺得自己開車機動性最高，就順勢免去司機助理一早待命的勞苦，只有在南部地區跑行程活動時，才會讓出駕駛座位子。

起了大早，預期陪著陳亭妃跑一天的南部行程，結果還未到中午時刻，我們就在車上恍恍忽忽地搖進夢鄉。顛簸一下，重重的眼皮才慢慢拉開，惺忪睡眼只見後座的她仍自若拿著主持稿，配上早餐飯糰繼續嗑著。驚覺自己體力竟不敵多上我們二十餘歲的大姐姐，於此同時，她抓緊交通空檔發上臉書貼文，臨時想起要聯絡誰又立即撥通電話。真是不禁讚嘆：她是不是有什麼強大的魔力？才能如此運用瑣碎時間。

03 行程如鐵人競賽！

以為立委除了開會和質詢，多數時間都很清閒，直到跟了她整天行程……差點累死在車上。

一早跳上陳亭妃的「小ㄅㄨㄅㄨ」，匆匆抵達里民出遊活動的集合地，她提起一袋文宣口罩踏上人行紅磚道，沿路和參加活動的長輩們握手問好，真誠地注視著對方，溫柔地寒暄並遞上口罩，笑顏可掬，和質詢形象判若兩人。等到她問候完一圈，準備趕往下個行程，其他的議員助理才姍姍來遲。

遊覽車發動預備啟程，她站在車頭的位置拿著麥克風，用爽朗的口氣向里民致意，讓他們帶著滿滿的活力與朝氣展開旅程。

❋ 這真的是電視上那強勢的陳亭妃嗎？

接著趕赴宮廟，和妹妹怡珍一同靜觀入火安座儀式。規模不大的廟堂，盈滿信眾的虔心、誠意，她和鄉親站在一起恭迎神像。抬轎者在響亮的嗩吶與鑼鼓聲中，送神入廟，直到儀式的尾巴，廟方點燃鋪列在地的新式環保鞭炮，我們摀著耳朵，極力減少震耳的爆裂聲，一旁陳家姐妹檔則是聞風不動，任由劈啪響聲直達天聽，誠敬祈禱神明賜福鄉里。

日正當中，轉移到北區服務處，陳亭妃坐在長桌前，仔細聆聽來訪者的訴求，紙筆記錄、標明重點，以溫和熱誠的言詞、不緊不慢的節奏，深入淺出讓對方瞭解核心問題與應變策略，緩緩紓解民眾的緊繃。糾結緊鎖的眉頭被解開，諮詢人笑逐顏開，安心離去，這是她對選民服務的初衷，更是從政成就的涓滴積累。一步一腳印陪著民眾化解難題，造就了今日的她。

❋ 選民是「充電大秘寶」

不為活動與服務，僅純粹情感聯繫的話家常，反而體現政治人的溫度所在。

午後，最適合沏茶小歇。跟著陳亭妃來到一間會議室，大家熱情招呼我們就坐。桌上擺放的冰鎮茶水、溫熱咖啡，以及淡淡檸檬黃色的千層蛋糕，都是主人翁貼心準備給賓客的。她和大家話家常，這樣的行程與其說是拜訪，倒更似聯絡情誼的充電。偶爾和三五好友分享近況的小聚，眾人的談笑聲充斥會議間，輕鬆開朗。

褪去平時辛辣問政與專業服務的樣貌，她暢所欲言、流露真情，在工作與生活中的平衡也許就來自這充滿「人味」的互動。短暫情感交流消解她繁務的壓力，或許，這就是讓她能電力滿滿、隨時整裝待發的秘密吧。

❋ 瘋狂女子陳亭妃

歡樂午茶結束，她還得急忙搭高鐵北上，去參加餐會活動，我們的體力支撐不住，最後只能目送她上車，跑回飯店暫時喘息，待她南返再戰。聽她的助理分享，才知道，曾有大學生想從事政治工作，跟著陳亭妃實習一日立委行程，隔天就發高燒請假。我們對視後大笑出聲，心有戚戚焉。欽佩她活力無窮的同時，更好奇，如此逼人的滿檔行程規劃，除了她這號狂女子本人，到底有誰能跟得上？

有人想挑戰跟上她疾風般的腳步還不倒下嗎？

04

戀家成癡的巨蟹座

即使行程滿檔，還是堅持要回到台南的家，經典的巨蟹座戀家性格，在外堅毅奮鬥，回家便卸下鎧甲。陳亭妃打趣地說：「回到家裡才能真正放鬆下來，才有一天結束的感覺。」清晨趕首班高鐵北上赴立法院工作，傍晚再乘高鐵南下，分配給立委的宿舍，十六年來只住過兩次，最佳的避風港還是生活四十年的台南老家。如果隔天一早要衝第一個質詢，她也會先回台南洗澡卸妝，再到台北立院的個人辦公室，蜷曲在接待外賓的紅沙發上過夜。他人眼中看似瘋狂的行為，卻是她最熟悉且充滿安全感的日常。

✽ 這真的是立委的家？

推開她家門，映入眼簾的是中南部郊區常見的透天格局，一方汽車格大的玄關、堆滿大小文宣稍嫌凌亂的客廳、勉強能讓一人通過的走道，及緊靠著瓦斯爐的飯桌、天花板上花白的日光燈。立委的家沒有料想中的豪華氣派，甚至不比許多市井民宅來得高級典雅，這讓初入陳家宅邸的我們感到驚詫。

我們跟著她爬上二樓，走進雜物錯置、亂中有序的房間，原先貼白花壁紙的牆早已泛黃，抬頭一望，屋頂一角還破了個大洞。陳亭妃指著破洞的屋角不好意思地表示，因為整修的曠日費時，索性就擱在那不處理。嵌入牆面的衣櫃圖樣，是四十年前仿古希臘神殿的設計美學，裡頭掛著換季的衣物，幾件印著名字的運動外套、素 T-shirt、長褲等簡單陳列。落地全身鏡周圍的地板擺滿瓶瓶罐罐，是她常用的美妝保養品組合。她指向另一邊地板平鋪的床墊說明，她或妹妹需要片刻小睡、梳妝更衣或處理雜事時，就會待在這裡，避免打擾到對方。

✻ 女子部隊日常

褪去整日疲憊，換上居家服，陳亭妃站上一旁的律動機，邊讀資料、邊運動，不浪費任何一秒。超大顆瑜珈球也是她鍛鍊的好夥伴，雙腿與雙手向前伸直、俯臥球面，既能放鬆亦可訓練核心。或倚靠床墊席地而坐，錄製各種宣傳影片音檔。時空碎片皆被俯拾善用，她最懂得怎麼填滿隙縫。

穿過垂掛花布輕掩著的敞開門扉，眼前是一個公寓客梯般大的潔白浴室，陳設簡樸、無乾濕分離，地磚上二三瓶盥洗用品。她卸妝洗臉後，只十分鐘光景就颯爽洗淨全身，足見是個戰力滿點的女子，梳洗同樣分秒必爭。

❃ 立委、議員同睡的那張床

朝三樓走去，左邊是姐妹倆共用的臥房，亭妃與妹妹怡珍同睡一張雙人床入眠，活像是雙生子，頭頂的輕盈秀髮難分彼此，再怎麼感情濃厚的手足也沒人比得上她們。她最自豪的就是沒睡眠障礙，三分鐘「入定」，所有煩擾化為明天的待辦事項，堪稱是羨煞旁人的技能。

五點晨起，刷牙、梳化、著裝二十分鐘內搞定。我們還迷茫打著呵欠，她便準備好一切，準時出門，奔赴首班北上高鐵，又是全新的一天、嶄新的陳亭妃。

05 第一印象是嗆辣女戰神

立委研究室內，紙本在辦公桌、茶几與書櫃間叢生，陳亭妃腦內似乎植入檢索系統，總能立刻從資料庫中抽出需要的資訊。整備完成，她快步前往立法院，開始今早的質詢。

❋ 唇槍舌劍的質詢？

她笑臉迎人，向備詢政務官問好後，正式進入議題。切入當前政策內容，特別點出官員的貢獻來稱讚，她微笑並豎起拇指，肯定對方及時瞭解問題與嘗試解決的用心。話鋒一轉，她開始問起如何有效執行？產值與效率？她的表情逐漸凝重、語氣越來越強硬，肢體語言也隨之激動，嚴厲的口吻讓對應官員難以招架，試圖解釋卻惹得她更不滿，她不斷質問官員是否有符應現狀來規劃政策，讓備詢人頓時語塞、啞口無言。

這是民眾熟悉的陳亭妃，雖然言語與態度嗆辣尖銳，卻也是求好心切，為民發聲。

06 立委「斜槓」古裝劇？

暖黃的燈光鋪撒在梳妝台，她勾起笑意，凝神看著鏡中倒影，化妝師大姐用粉墨妝點，陳亭妃彷彿穿越千古而來。接起長及腰間的假髮片，造型師阿姨的妙手順著頭型梳整、挽起墮馬髻、簪上翠玉髮飾，配戴琥珀色耳墜。撲過粉底後，再挑起棉花棒微微調整細節，攤開琳琅滿目的彩妝盤，描繪遠山黛、暈開深棕眼影，胭脂收尾在她飽滿的唇峰，妝髮便大功告成。

✻ 工作人員眼中「親切低調」

來到戲服放置區，工作人員為她披上深紅與白兩色相間的長袍。揮著衣袖、左右搖擺，活脫脫是從劇本躍出的雅緻女子。陳亭妃端詳自己此次的裝束，大概是覺得很是趣味，喜孜孜的，腳步不由的輕盈起來，頓時充滿童趣。第一次親眼觀摩立委「斜槓」出演，我們也是對古裝劇的開拍萬分期待。

攝影棚裡清末民初的民宅造景古樸、精緻，屋內的紅磚瓦、紙窗櫺、雕花桌椅、青花瓷等陳設得逼真，她站在廳堂揣摩作一位大夫的母親。當演員都整裝定位，全場工作人員屏息以待，導演一聲令下，攝影機採擷畫面，鏡頭帶到陳亭妃，觀景窗裡是她和飾演大夫的演員正在對戲。

✻ 演技令人目瞪口呆

母親眼看兒子就要和對方發生衝突，立刻從椅子上起身，拉住他的胳膊，用祈求的眼色明示，搖了搖頭。直到兒子被要脅替人還債時，她才向對方喊出自己的不平、替兒發聲，短短一句台詞，清亮而堅定，眉宇間情緒攢蹙，把一位母親的擔憂與憤怒演繹得錐心。陳亭妃的戲份一鏡到底，精湛演出也令大家驚嘆；同場演員不時忘詞、掉拍、走位出錯，重拍好幾顆鏡頭，相比之下敬業之情似乎雲泥。或許是她大學戲劇系時曾有表演經驗，打下良好的基礎，如今才能游刃有餘，也難怪過去能毫無違和地出演「媽祖」。

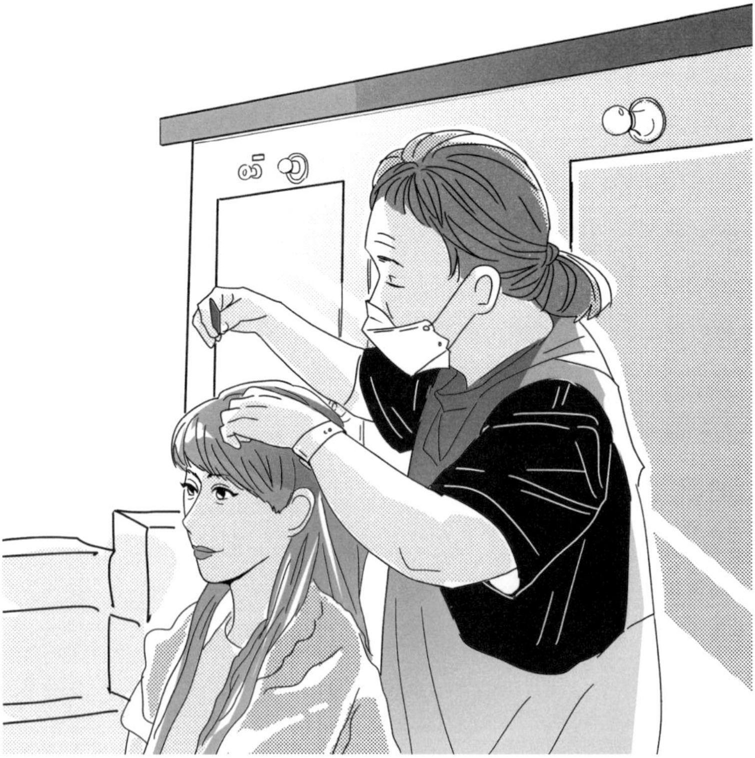

07 助理眼中沒有在吃飯的老闆

大水罐、熱美式不離手，三餐則是隨性到不在意，能減則免。「很少吃飯，餓了才會隨意買點東西墊肚子」，在通勤時塞幾口麵包或飯糰就足夠，加上早已戒掉含糖飲料及甜點，也難怪她身材維持得這麼好！甚至差點過瘦了。

❋ 好友總會藉機給她補一補

她常說自己是宅女，朋友聚會極少。因為我們兩個「暫時助理」的初來乍到，陳亭妃後援會總幹事一家好客，熱情邀請我們到台南關子嶺「吃甕仔雞」。佳餚一桌排開，七人圍坐，大家添飯夾菜吃得香，惟獨她的碗裡只盛著半滿的豬油拌飯，是十足的小鳥胃。

她和這家人的情誼，奠基自父親擔任大港國小家長會長時，扶持著她成長近三十年，她與一家子早已親如家人，更看著總幹事的兒子、女兒成長茁壯。

眾人聊天之際，我們才驚覺剛才看見、常遭人誤會成「亭妃座駕」的賓士，竟是是總幹事家的車，原來他有時也身兼司機，載著陳亭妃東奔西跑。餐桌上，或體貼關心近況，或安靜享用美食，氣氛悠然也溫煦。

週間的面貌猶如萬花筒，在循環復始的日常中開出璀璨的花樣。

「妃常」是我用心走過的每一天，是我跟時間賽跑的每個當下。

五月十九日
台湾戒嚴日

政治世家
DNA

01 「讓我猜猜我是誰」

「在學校裡面說國語，回到家裡都是說台語」，像是內建兩套語言系統，換個地方環境，就自動切換語言組件。

✻ 講台語差點被罰錢？

教室外牆掛著的木牌，大大的正楷直書字體，寫著「我要說國語不說方言」，隨處可見。這是台灣推行國語運動的重要見證。北京話被台灣省政府訂定為正式的官方語言使用，即為「國語」。台灣省國語推行委員會在一九四六年成立後，從教育開始到各級機關及公共場合，須全面使用國語，並訂定相關罰則以利運動的推行。

「當時就覺得是很自然的，會覺得應該要乖乖配合學校的國語運動，應該要講國語。」

陳亭妃談及小時候說國語運動，「講台語要被處罰，我們還有經歷過講台語要被罰五塊錢的情節耶！但我不記得自己有沒有被罰過了，反倒是記得同學有被處罰。」

她笑著說起這段軼事，表示自己雖然記不清過去的細節，但回望當下的時空，只見活潑的孩子在學校的走廊上蹦蹦跳跳，嘻笑打鬧著討論今天放學要去哪玩；在教室裡擦黑板的小朋友聽到了聊天內容，大聲地對著門外喊「阮嘛欲去！」老師經過教室，大聲喝斥「誰准你在學校講台語？跟我到辦公室去！」小朋友悻悻地放下板擦，拖著像是綁著鉛塊的腳步跟在老師身後，身影漸漸縮小在長長的廊道盡頭。

「聽老師的話、遵守學校規定，當個乖孩子。」

即便當時亭妃的心裡有種難以說明白的衝突感，卻不曾反駁過。

❋「戇囝仔！你是台灣人，不是中國人」

直到一九九三年，教育部正式將母語教學列入中小學的教學範疇後，台灣禁說方言的政策才總算正式走入歷史；在這以前的教育內容除了「說國語」，課本地圖中指示的國土，是大大的母雞形狀，而右下角圈出了故鄉的所在——大家來自「中國福建」。

「以前在讀書的時候，課本跟我們說『你是從中國福建來的』，但回到家，阿公都會說『戇囝仔！你是咱將軍人，怎麼會是什麼中國福建人』。小時候，對台灣和中國兩者的地理位置，以及政治局勢關係是模糊的，不覺得有哪邊不合理；頂多偶爾會冒出『我是哪裡來的』疑問，但我可以明確感受到，我們家的教育跟學校的教育，兩者之間有條分界線。」

為什麼二〇〇〇年以後會有「天然獨」？就是因為教育不再有「你是從中國來的」這種說法，孩子們會去思索自己的身分認同，感受自己和台灣這塊土地的連結，扎根、發芽：咱攏是台灣囝仔。

「現在教科書裡面已經不會有我們來自中國的字眼，因為從總統直選，到整個教育的改革，都有很大的影響。我小時候的環境很封閉，教育也是採取填鴨的方式，在學校老師說是一，就不該出現二、三、四……現在網路科技發達，接觸資訊的管道很多元，小朋友自己去網路查資料的速度比大人還快；這個世代的孩子跟我們以前相比，可能在年紀更小時就萌生自主判斷的意識。」

＊政治狂熱的六年級生？

相較五年級生綻放的野百合、七年級生迸發的太陽花，六年級生更像是被抽空的世代，在民主運動裡缺席。她經歷整個世代的交接，有過黨國填鴨式的教育體驗，參與政治的年紀又碰到廢省，接著是直選總統，然後慢慢走到政黨輪替，見證民主枝繁葉茂。

02 從鐵路局公務員到「打棉被」

「阿公本身就是個具有台灣意識的人……。」

民國三十八年國民政府遷台，台灣開啟了長達數十年的黨國專政體制。阿公與阿嬤經歷過日本的統治，也走過整個黨國專制的時期，目睹當時的社會景況變化，也留下屬於自己的故事。

＊風骨不屈！捨棄「鐵飯碗」

「阿嬤常常跟我講，阿公當年為了『理想』辭去鐵路局公務員，回到我們台南將軍打棉被。」問起陳亭妃與阿公相處的事情，就是阿嬤最常掛在嘴邊的「憶當年」。

民國三十八年至七十六年期間，台灣處於戒嚴時期，在那個時代，要能考上鐵路局的公職是非常困難的；那是道窄門，狹窄的門扉幾乎只能用目光穿越，底下還有高到似牆垣的坎。阿公好不容易拿到了穩定官職的入場券，在黨國專制的脅迫下，卻果斷拒絕旁人所憧憬的權勢與眾人所貪慕的利益。

黨國政體的潛規則：必須要加入國民黨才有辦法在官僚體制中往上爬，才能有後續的發展。

為了堅持台灣本土意識的價值，阿公憤而拋下鐵路局的「鐵飯碗」，那不只是為了貫徹個人的抉擇，更是家庭經濟裡的重大決定。阿公風骨不屈的身姿、耿直堅毅的神情，超然的態度悉數收進阿嬷的心底；任憑往後數十年的光陰流轉，從阿嬷口中傳述的「當年的阿公」躍然眼前、歷歷如繪。

❋ 種下陳家本土意識種子

「從阿嬷在講阿公所發生的故事中，你才會發覺說：蛤！黨國體制怎麼會這個樣子？黨國不分為什麼會嚴重到這種地步？」

一來一回、一上一下的人生轉折點，就在阿公的一念之間。從鐵路局的公務員到回台南將軍打棉被，阿公用雙手打好的層層棉花，堆疊成鬆軟厚實的手工棉被，溫柔包裹著陳家的每個人。

那雙手，不僅打出了一床床舒適的被子，還種下一顆台灣本土意識的種子；陳佳照議員、陳亭妃委員和陳怡珍議員在漫天棉絮飛舞的記憶中長大，將阿公的本土意識種子澆灌成繁盛的樹，讓陳家的民主政治之路不斷展延。

為了鄉土價值可以犧牲個人的榮華，阿公的境遇抉擇奠定了政治世家的根本。

❃ 悠揚自由之聲的收音機

依據《戒嚴法》規定：「在宣布戒嚴期間，由戒嚴地域的最高司令官掌管行政事務及司法事務。」

在國共內戰期間，政府為了方便戰時管理，限縮人民的自由與基本人權，包括集會、結社、言論、出版、旅遊等權利，即黨禁、報禁、海禁、出國旅遊禁等，在此段期間言論自由受到普遍限制。

到了一九八七年解嚴，政府對於電台的合法登記程序依舊苛刻；政府刻意打壓地下電台的存在，反而助長了地下電台的逆勢崛起，九〇年代的台灣，地下電台更是如雨後春筍般冒出。

「民主自由受到箝制的年代，阿公雖然沒有主動投身於政治活動之中，卻不曾遠離過……持續關注著。」

一輛摩托車、一個佝僂的背影、一台帶著天線的收音機；一車、兩人、數則地下電台報導，在上學與放學的路途中，歷經天寒，也走過溽暑，有天晴的風和日麗，也有雨季的潮濕氣味。坐在阿公的摩托車後座，收聽著地下電台，是陳亭妃與阿公的爺孫時光，是倆人的獨家記憶。

❃ 台灣意識，耳濡目染

「阿公是受過日本高等教育的，年輕時還能夠考上公務員，本身有一定的學識涵養跟知識水準，對於民族認同、民族自決有自己的想法，雖然他不會去跟我們孫輩談論政治議題，或是灌輸特定的政治立場，但他會不斷地提醒我們是台灣人、台灣囝仔。」

阿公的地下電台播過一九八六年的「519 綠色行動」。

轉眼，台灣戒嚴已然經歷數十個年頭，百姓對民主自由的渴望被壓抑得太久，最終是在戒嚴期滿三十七年的五月十九日，展開了一連串的抗議行動；民進黨也於同年度創建。「跟著阿公聽地下電台，小時候我根本搞不清楚狀況，阿公也不會跟我解釋那麼多，因為都還在讀書嘛！但就是會跟我們說，『咱台灣人的代誌愛家己顧』。」

當年陳亭妃還是個小女孩，不過十一歲左右的年紀，對於民主自由的理解不深，也不明白綠色行動代表的意義，更不可能預料到自己未來會成為「綠色女力」。

❃「如果我是五年級生，我一定參加野百合！」

一九九〇年，台灣走出戒嚴只三年，社會運動蓬勃發展的民主化過程，各地瀰漫著一股不安於世、騷動一觸即發的氛圍。這股澎湃且新生的風潮，自然而然地漫延到校園，台灣民主化進程中的野百合學運由此開花。

野百合綻放的花季正值陳亭妃的少女時代。十六歲的她，因訊息相對封閉，僅從電台中依稀聽到哪裡有發起運動，長大後才聽聞有很多學生為了爭取權益，不畏公權力，挺身而出，集結在一起提出訴求，又想起曾與阿公一起聽電台的日常。

「小時候聽電台的當下都只有一些零星印象，等到年紀再大一些，甚至是接觸政治後，開始有獨立思考問題的能力，才知道，啊！519綠色行動、520農運、野百合運動，接著刑法第一百條有關內亂罪的修法運動……其實都有聽說過。但是過去資訊傳遞管道少、內容也很零散，以前的自己真的不會知道那是什麼，只會知道很多人走上街頭，去為人民的權益發聲、去表達訴求、去爭取權利。」一切都隱隱約約在記憶中閃爍著。

「如果當年的野百合學運像太陽花學運一樣，有那麼多管道可以知道情況，我一定會跑去參加！」

地下電台裡的新聞和故事，猶如一片片歷史的拼圖，拼拼湊湊，完整了台灣民主化過程的大事紀。

✻ 心繫台灣的遺傳因子

「咱台灣人的代誌愛家己顧」，是阿公對於台灣意識的熱衷與堅持，「你是台灣囝仔，要替台灣人發聲」就是我們所說的「台灣心」——深植在基因序列裡無法改變。

本土意識如同 DNA 一般被遺傳下去，爸爸的、陳亭妃的，還有妹妹的政治基因，都是從台南這塊鄉土長出來的。

「我會有這麼深刻的台灣意識，以及對民主體制價值的不懈堅持，是因為在成長過程中，有阿公這樣不畏黨國體制霸權的榜樣，我的家庭教育塑造了一個自決的環境給我；比起其他六年級生，我對政治更加狂熱！」

「我們這個世代，正好碰到台灣民主火花四濺的時間點，親眼看過體制變化的樣態，並跟隨著制度的改變成長；我覺得能有這種體驗是我的幸運。」

台南東市場的店鋪裡，檯子上一大張棉被鋪開來，阿公、阿嬤拿著竹條「打

打打」，讓棉花蓬鬆，再層層疊起。小亭妃看著人工手打的棉花，一點一點、一層一層，疊合、縫製成鬆軟的被子。

那時的她根本不懂台灣意識跟鄉土教育，但阿公用台語說的那句「咱台灣人」，每個音節都刻在她的心上，至今都沒有遺忘。

「東市場打棉被的畫面，我到現在都還記得。」

03 台南×勞工子女

「小時候印象最深的地方是『東市場』，阿公、阿嬤在這裡打棉被、賣棉被；爸爸、媽媽在這擺地攤還有賣水果，我也是出生在這裡。雖然在我五歲多的時候就搬離開了東市場，但這個地方保留著太多屬於家人的故事。」

台南是陳亭妃出生與長大的地方，也是一切故事的起點。

❋ 我的勞工爸爸

「我是勞工子女。」陳亭妃是這樣說的，她在沙卡里巴（日語：盛り場，意指熱鬧市集）現今海安路那一帶長大，童年記憶中的家，空氣中常有飄飄的棉絮漫天飛舞，角落也不時堆積著各式地攤雜貨；小時候感覺周遭的一切都很新奇、很好玩，在棉被堆中打滾、在市場人群裡穿梭的流光，是一段珍貴且特別的回憶。

父親是家裡經濟的頂樑柱，在從政以前，亭妃爸爸當過業務員，在剛結婚沒多久後，就因為跟朋友合夥投資生意失敗，只好到菜市場、夜市擺地攤，從賣水果、賣寢具，到後來的成衣批發和成衣加工廠，拼經濟就為了讓一家人的生活可以過得更舒適。

✻ 行銷方式很天才

「爸爸是做事很有自己一套方法的人，他的個性多多少少都有受到阿公影響，『要做一件事，就要堅持做到最好』。」

「爸爸的年代是六年國教，初中是要參加聯招的，爸爸以前常常跟我們炫耀，他是又會讀書又會玩的類型，連上課打瞌睡都可以考上第一志願。」

媽媽曾說過：「爸爸他是個天才，從來沒碰過的東西，也一樣能得心應手，就連賣水果都有自己的獨門方式，一般賣水果都是死板板的一斤多少錢，或是一顆多少錢，但他不是哦！」

在那個年代，很少使用農藥除蟲，所以水果在熟到最香甜、最好吃的時候，很容易被蟲咬留下痕跡，導致賣相不佳。陳佳照會去跟果農買那些不是太美觀、可能有被蟲蛀過，但是最甜的水果來賣，還會在攤位擺上水果刀，讓客人自己削掉蟲蛀的地方，留下好的地方才秤重算錢。

「大家反而會覺得這樣買到的水果既好吃又划算，而且也不用一次買很多，所以爸爸的水果攤都是銷售一空。」

除了賣水果，爸爸賣棉被的推銷方法也很新穎。

❀顧客至上&獨家設計

「爸爸的行銷手法在那個年代是很前衛的。我小時候可以在棉被堆裡滾來滾去，就是因為爸爸特別的經營模式。他會把整個棉被攤開來給客人體驗，甚至提供試摸、試躺的服務，顧客至上是爸爸的『行銷招牌』。」

源源不絕的生意靈感，讓爸爸從擺路邊攤到做衣服批發；再到弄起成衣加工廠自己設計、製衣，家庭境況也迎來新的轉機。

「後來我們家搬到大港寮，因為爸爸覺得一直擺夜市下去也不是辦法，就和媽媽開始跟中盤商批發衣服在沙卡里巴做生意，那裡類似於台北的五分埔，只是它是以少淑女時裝為主。後來爸爸認為批發衣服來賣變化太少，異想天開，想到我們可以自己來做衣服；他就馬上找來設計師，開始討論自家訂製款，再找女工下去做成衣，接著自己拿去賣，成為獨家商品。說實在話，爸爸設計的獨家款式都還蠻夯、蠻熱銷的。」

「在沙卡里巴批發衣服是我們家經濟條件改變的轉折點，但這個市場經過一場大火後，就改變了它的命運了……」曾經的市場、無憂的童年，陳亭妃對其有著難忘的感情，記憶中的那個小女孩在她的敘述下，彷彿跑到了我們跟前，拉著我們的衣角，興高采烈地介紹各個攤位；對她來說，長大後不管去到哪裡，與台南切不斷的連結，是家庭、是血脈，還有不可能忘掉的風土人情。

❃「存好心、做好事」，天無絕人之路

人跟人之間的互動，切身的體會是最深刻的。

「不用太多言語，台南人給我的第一感覺就是親切。」

陳亭妃家中因為開成衣廠有大電可用，隔壁的鄰居曾經跟爸爸借電，爸爸沒有第二句話，立刻答應；但後來鄰居家的生意不太好，家裡人也不好意思開口去討電費，索性繳掉所有的費用。

「當時爸爸也沒有想過要去討回這個人情。之後到了第十三屆議員選舉，爸爸剛落選的時候，突然有一天，家裡要趕在下午三點半前支付支票，當時我們手頭現金不夠，還差三萬多塊；媽媽著急地拿著金子去金飾店要賣掉，可是店員需

要拿身分證做登記，但身分證後面配偶欄又有陳佳照三個字啊！她怕人家認出來，就打退堂鼓，只能苦著一張臉回家。」

「沒想到媽媽愁眉不展地回家，一進門就看到爸爸拿了剛剛好的三萬多塊，說是鄰居要還我們的電費；早就被遺忘的款項，居然在這個時間跑出來補上，成為我們的及時雨，你看人生的際遇是多麼奇妙啊！長大後回想這段過往，第一個念頭都是：只要存好心、做好事，天肯定無絕人之路。」

❋ 先有麵包再談理想，完成「從政夢」

當時，爸爸對於各種經營、銷售想法的實踐，改變了整個家庭的經濟條件；家人不必再那麼辛苦忙活，阿公、阿嬤在東市場的老房子也轉手賣掉，搬到了現在北區的住家。

當生活有了餘裕，不需要為了家庭生計苦惱，爸爸開始會想去實現自己真正想做的事情。

「爸爸要參選的時候我才七歲，當時年紀還小根本不懂；等到大了，每次看到爸爸為了里民四處奔走的模樣，我不禁納悶，他明明就很累，但臉上時不時卻有種滿足的笑意，實在讓我很好奇。有次在我參選後，我終於忍不住開口問他，當初到底為什麼做出參選議員這個決定。」

爸爸聽到亭妃的問題後，放下手邊讀到一半的資料，揉了揉眉心、順了順鬢邊，轉過頭看著她說：「亭妃，我為了家裡的經濟打拚了這麼多年，社會百態都在那一寸寸的光陰裡，我最明白弱勢的勞工們在求助無門的時候有多辛酸；因為白手起家，所以這些人的每一步走得有多艱險，我都懂。我常常會想，我能為大家做些什麼？從前在外頭打拼，是為了給這個家穩定的庇護，當我已經達成這一點之後，我就下定決心，要開始去照顧其他需要幫助的人。」

「從政，是爸爸個人的選擇，其實媽媽是非常不同意的，甚至用離婚來威脅過；但是媽媽是極為傳統的女性，為了我和妹妹，最後也只能硬著頭皮去接受，陪著爸爸選了一屆又一屆……。」

04 政一代爸爸：陳佳照

陳佳照從六口之家的頂樑柱，轉換成民主社會的棟樑；沒有任何背景可靠，有的僅是滿腔熱忱與抱負。

「爸爸堅持用黨外身分參選議員，也是受到阿公不委身黨國的身教影響。當選市議員之後，有人找過爸爸加入國民黨來選省議員，畢竟在那個時代背景之下，沒有國民黨的黨籍基本上很難當選，無黨籍參選跟拿雞蛋去碰石頭，是沒什麼區別的。爸爸第一次參選議員就沒有上，是等到下一屆捲土重來，大概是我十二歲、妹妹五歲的時候才當選。」

✻ 靠表姑「搏感情」灌溉，沙漠也有綠洲

「台南是可以用感情融化一切的好地方，在台南北區有很多眷村，這也是國民黨的組織盤，它們的連結非常緊密，根深蒂固；所以在國民黨執政的時代，北區就是民進黨的沙漠，更不用說眷村了，不過這個時候卻因為表姑的『搏感情』，有了一點點化學變化，即使是非常少點，但它就是一種突破。」

在亭妃爸爸選議員的時候，陳佳照這個名字能夠走進眷村中，跟表姑在眷村開美髮店宣傳有絕對的關係。

亭妃說起表姑的宣傳照保衛行動，津津樂道，「以前表姑為了保護爸爸的宣傳照，都會在半夜拖著梯子，費盡力氣捱著高高的電線桿，謹慎地攀上一階又一階的橫木；再伸長了手，顫巍巍地把宣傳照掛到桿頂最高處，不只能讓所有人都

看得到，還能防止有人刻意移除，或是隨手在照片上塗鴉。表姑也會藉著幫眷村太太做頭髮的時候，指著高高的宣傳照，跟她們介紹陳佳照。」

「陳太太啊，今天頭髮還是幫你做一樣的款式嗎？啊我跟你說，最近那個議員選舉，不是過陣子就要投票了嗎？你有沒有看到那根電線桿，照片上面的候選人叫『陳佳照』啦！他人很不錯哦，老老實實，人很親切，好多地方鄉親找他幫忙，都處理得很好；我知道你是我們台灣媳婦，他是我弟弟，自己人啦！以後當選，要任何服務你就找我就好了，我們可以直接連絡上他，直接處理，不用再透過別人，非常方便。回去記得要跟朋友說一下，把票投給他，等於我的美髮店就在這裡替他服務。」

就像這樣閒話家常，把「陳佳照」這個名字植入在地人的心中，表姑這樣的拉票方式雖然辛苦，但表姑說「積沙成塔」，透過搏感情一點一滴累積起的人際真情是最可貴的，建立起來的情誼也更深厚。

「表姑為了爸爸做的努力，也讓我受益了，因為眷村的叔叔、伯伯、嬸嬸、阿姨，甚至是第二代、第三代，對陳亭妃也不陌生，我可以很自然地慢慢追上爸爸的腳步，建立起自己的服務管道；我相信，我們來到這塊土地的每個人都是一家人，只要彼此付出，就會搭起互信的基礎。」

在充斥熱情的台南，做人、做事也都要靠著熱切的真心——這是個充滿「人情味」的鄉土。

❋ 質詢帶的魔力

「卡通」大概是多數小孩子都無法抗拒且欲罷不能的娛樂，三十幾年前，在台南議員陳佳照的家中，卻有個小女孩對此興致缺缺，惟獨鍾情於爸爸的「質詢帶」。

父親和官員有來有往地對話，在議會中挺拔著身姿，話語中帶著抑制激昂情緒的克制，那為了達成目標而努力，為了實現理想而堅持的身影，在小亭妃眼中看來閃閃發光。只是當時年幼的她，還不清楚自己為什麼對這些質詢帶如此著迷。

「十二、十三歲的時候，我最喜歡看爸爸的質詢帶。看著爸爸為了對支持自己的選民負責，總是在議場中極力爭取他認為正確的、公義的事情。其實我那時候根本不理解質詢是什麼、議員又是什麼，但看到自己的爸爸認真地執行他的工作，不斷堅持自己的立場和追求，我的心中都會有一種很難解釋的崇拜。」

「還記得有一次我說想要看《小叮噹》，媽媽高興得不得了，因為她覺得她的小孩變正常了，終於不是吵著要看『爸爸的質詢帶』。到現在你問我，我為什麼喜歡看質詢帶，我只能說無解，或許就是那種與生俱來的直覺告訴我，『這就是我想要的』。」

那是一種抽象的、無法具體說明的感覺。

❋ 魚塭變小學，特級任務「大港國小」

從質詢帶中，看到爸爸爭取台南在地小學的畫面，陳亭妃是心潮澎湃的。

大港國小是父親議員上任後的首要任務，約四十年前的台南市北區大港寮舊部落是一片魚塭，沒有人想過要在這裡蓋一間小學，也沒有人想過要用「大港」這麼鄉土的名字來命名。

「小時候看到爸爸站在議會中爭取地方建設的樣子，真的覺得好厲害，也因為他的堅持，才能為地方爭取到一間小學。以前大港寮是一片魚塭，能在這裡蓋一間學校是大家意料之外的事，從一開始提議規劃的階段，大家都覺得這是不可能的任務。」

而爸爸的信念就是：一個地方沒有學校，就沒辦法有凝聚力、沒辦法有「根」；當一間新學校蓋起來，才能自然吸引人群聚集，形成聚落。

✻「大港」滿載著「大港寮」發展的故事

確定要在大港寮蓋學校後，命名成為另一個爭點。

「三十、四十年前哪有什麼本土教育、鄉土教育，大家取校名都要取那種很文雅的，或是用那邊最大的一條路來命名；當初爸爸跳出來說要叫『大港國小』，可是遭到很多『外面的人』反對，認為這個名字太過地方性了。」

「爸爸花了很多時間說服大家『在地化』與『本土化』的重要性，『大港國小』的涵義是要讓我們在朝向未來發展的同時，也能溯源到過去，追尋在地的故事。以前社會還停留在追尋淺層物質的階段，不會去重視精神層次的歷史人文內涵；緩步走到了今時今日，大家才意識到過去的歷史根基是多麼珍貴。」

最初，爸爸的堅持是源於自身的本土理念，即便當下有再多不被理解的委屈與孤獨，他也從來沒有放棄過。

「我為什麼會這麼佩服爸爸？即使在過去他的想法是孤單、孤獨的，他仍不畏懼，努力堅持到最後。而時間證明了，爸爸的眼光跟理念是正確的。」

成衣加工廠之後，陳佳照走進台南市議會的舞台，為了爭取學校的設立，在一場一場的會議中站穩腳步，用堅定的意志迎來了學校落成的那一刻。

大港魚塭

大港國小

接觸政治後，回首才發現自己走過的那些軌跡，都是教科書上的段落，歷史洪流裡的小拼圖——本土意識也成為我無形的養分，在從政的路上滋養著我。

公主進化論

01 公主變身！美少女戰士

及肩的捲髮配上齊齊的妹妹頭瀏海，襯著稚嫩臉龐；精緻繡章外套罩著連身小洋裝，照片中嬌小玲瓏的女孩直視著鏡頭，一臉無所畏懼的模樣，瞳孔中透露的氣息有著俠女的風範。

「爸爸一直想要把我栽培成一個小公主的樣子，幸福單純地長大，找個好人家嫁掉，安安穩穩地過好日子。」小時候跳芭蕾舞、彈鋼琴，外表看起來就是個小公主，但實際上，陳亭妃內心是不喜歡嬌滴滴與粉紅色泡泡的。

相信每個爸爸都希望自己的女兒可以少走一點辛苦的路，輕鬆過生活，亭妃爸爸也一樣，只是陳亭妃並沒有照著爸爸的期待發展，隨著心智逐漸成熟、頭髮愈剪愈短的同時，性格的剛毅、果敢更是讓她選擇將自己完全奉獻給政治路。

水靈靈的大眼睛閃動的竟是俠士的氣概，精緻的女孩子外表下，藏著一個路見不平、拔刀相助的俠義靈魂；可愛小女孩的外殼，終是關不住凌雲壯志。

❋「有一種餓，叫做媽媽怕你餓」

小時候學芭蕾舞，一直瘦瘦的、腿長長的，直到備考大學聯考……「我以前就是爸爸媽媽的小公主啊！因為跳芭蕾的關係，腿是又長又直；沒想到準備大學聯考胖成兩倍的自己，大走鐘！」升學考試壓力乘上媽媽的「加餐飯」，比平均尺寸大上一圈的鐵便當盒內，裝著快塞不下的雙主菜，吃得豐盛又滿足，造就了體重巔峰的陳亭妃。

「我的便當盒居然比別人大，因為永遠都是雞腿跟排骨的雙主菜，那時候升學考壓力大又吃得太好，吃完就坐著唸書，不只臉胖到眼鏡都陷到肉裡去了，我的屁股也大到變成我的超級無敵大特色！」

聽著這段體重巔峰史，我們望向亭妃目前的健康體態，只見她澎潤的蘋果肌都還碰不著眼鏡的邊框，讓整個眼鏡陷進臉頰肉裡到底是怎麼做到的？那樣豐盛的便當讓人好想嚐嚐看，但一想到卡在臉上的眼鏡，還是趕快把口水擦一擦。

「考上文化大學到台北生活，我才開始比較在意自己的外表，知道要節制，體重才慢慢地有下降。」從台南北上求學，陳亭妃到了台北後才被環境影響，發現身邊太多漂亮女生，自己好像也應該要管理一下體態。

「真的完全瘦到標準，嚴格說來是選舉到處跑行程拜票，讓你不瘦也難！」

歷經初出社會的記者工作洗禮，到第一次參選議員的四處奔波，陳亭妃把當年「雙主菜便當」的重量都還回去了。

❋「我不是公主，我是阿信！」

「小時候都是長頭髮，因為爸爸媽媽喜歡把我裝扮成小公主形象，但其實我一直覺得長髮跟我的個性不符合，到大學後就剪成短鮑伯頭。」個性一直是大喇喇的，也不是個特別愛漂亮的女孩子，陳亭妃不像是小公主，更接近《美少女戰士》中，留著率性髮型又瀟灑俊逸的水手天王星。

從短鮑伯頭進化到現在的極短髮，陳亭妃撥了撥瀏海說著：「我很喜歡現在這個長度，夠短！整理起來方便。不過我以前不太敢剪，怕人家覺得太短，不符合女性政治人物的形象；但還好後來流行，尤其政治人物也漸漸開始注重自我的特色，會把自己最年輕、有活力的一面展現出來，而我就是苦幹實幹型的，簡單俐落就是我的本質，所以才問自己『為什麼不尊重自己的想法』，想剪就剪吧！」

✻「逆齡」小姐您哪位啊？

第一次參選議員的陳亭妃脫離學生身分才一年多，當時的時空背景，年紀輕選議員沒有太多優勢，反而會引來質疑。

「在我剛出來選議員的時候，因為年紀輕又是女生，所以並不吃香，選民會覺得『你那麼年輕是能做什麼？』質疑的聲音是比較多的，不像現在年輕從政是加分選項。」二十三歲時為了要隱藏青春的氣息，陳亭妃刻意將造型弄成「大人的模樣」，打扮得比較沈穩，瀏海吹起微微的半屏山，再燙上中小捲的波浪短髮；酒紅色西裝外套的墊肩稍嫌搶眼，內搭的高領毛衣呼應亮紅豆色的豔麗唇彩；從服裝、髮型到妝容和配件，沒有一樣不顯成熟的樣式與風格，卻不小心有點「過熟」了。

「小姐，您哪位啊？」

「現在看到二十六年前的選舉照片，自己都嚇一跳，很想問怎麼會這麼老？」

反觀現在的陳亭妃，不用靠這些服飾的襯托也能展現出自信、專業的一面；平常總是穿著 T-shirt 加黑色長褲，雖然是最簡單的打底裝扮，卻可以依照自己的個性與場合搭配不同的外套做轉換，從容接下所有的挑戰；不只是喜歡簡單、方便的感覺，輕鬆自在的自己，又像是年輕了好幾歲。

02 爸爸的變是父愛、是責任

從亭妃的小公主養成班，到怡珍的網球校隊小黑炭；從隱身在商人身分後的議員爸爸，到大港國小家長會議員會長。陳佳照依循對女兒的不同要求，隨時調整自身的角色做最適當的應對；女兒感覺的「嚴父」，其實是他表達父愛與責任的方式。

❋ 最希望女兒撒個嬌

藍綠色合身小背心、荷葉邊的下擺舞裙，踩著舞鞋的小腳直直伸展；黑色與白色方塊交叉排列、起伏錯落，丁點兒大的指尖在琴鍵上跳著圓舞曲。

「爸爸都會跟朋友說，『我女兒從來不會撒嬌』，就算用糖果、零食之類的好處來誘導我，我還是無動於衷。」陳亭妃哈哈笑著說起這個又好氣、又好笑的場景，無可奈何地聳了聳肩。

像音樂盒上旋轉的小小芭蕾公主，隨著音符躍動，這是爸爸期待的小亭妃；但實際上的亭妃，骨子裡可能是比較剛硬的，儘管爸爸曾經用很多方式，希望她能像其他朋友的女兒一樣，偶爾耍個小性子、撒嬌一下，但好像把小亭妃推得更遠，爸爸也只好放棄了。

❋ 亭妃沒讀過爸爸選區的學校？

陳亭妃從來沒有讀過自己爸爸選區的學校，爸爸的職業欄填的都是「商」。

「爸爸是北區的議員，但我從國小到國中都是讀中西區的學校，因為爸爸刻意不讓我在他的選區念書。資訊尚未發達的年代，在不同區，爸爸議員的身分比較不會那麼容易被知道；而爸爸最主要的用意，是要讓我可以低調過著學生日常。」

「在寫家庭卡資料的時候，填到爸爸的職業欄我都寫『商』，家境『小康』；那時候我這麼寫，爸爸也很贊同。」基本上爸爸的議員身分根本不存在於陳亭妃的校園生活中，直到意外的猝不及防……。

亭妃坐在叔叔的車前座，日復一日的平常上學路，被行道樹修剪下來的枝條砸出新的故事；某日的上學早晨，國中的少女亭妃還昏昏欲睡，突然就被天外一擊驚醒。

「國中的時候有次叔叔載我上學，剛好遇到學校旁邊的行道樹在修剪，很不巧的大樹枝就掉下來砸到我的頭。行道樹那麼大一個，學校當時沒有在行道樹的周邊拉出安全範圍，其實是很嚴重的，況且還砸到人。」

學校的工安疏忽正好打到了陳亭妃，也因此曝光了議員女兒的身分。

「校長要通知家長來做危機處理，看到學生名冊上面寫著父親是『陳佳照』，校長就開始擔心會不會是北區那個陳議員；結果爸爸來到學校後，答案顯然是。」

校長從翻閱名冊後就在辦公室裡來回踱步，一邊緊張地思考要怎麼給家長交代，一邊又不斷關心亭妃有沒有哪裡受傷；拿著小方巾按了按人中的汗，髮際邊又滾落好幾滴汗珠，冷靜不下來的校長，少女亭妃還是第一次見到。

「校長看到爸爸後慌忙地道歉，但是爸爸只說了一句：『沒關係，人沒事就好』。」沒有追究責任，陳佳照只是提醒了公務執行的注意事項。

「校長聽聞爸爸的話後，才鬆了一大口氣。」原來陳亭妃家的議員爸爸就是個普通家長。

即使父親是民代，但陳亭妃從小就被賦予「沒有特權」的觀念，爸爸在離開校長室前還特別交待校長不用跟其他人講他的身分，「爸爸都會說議員是要幫別人服務的，所以不要讓別人因為我是議員小孩而有特殊待遇，只想讓我繼續當個一般人家的女兒。」

❀ 你看這一七五的小黑炭

亭妃沒讀過爸爸選區的學校，但妹妹怡珍學校的家長會長竟然是爸爸，怎麼會有這麼大的反差？

大港國小在步上正軌的最後階段，地方家長的支持尤為重要，如何同心協力、凝聚眾人力量，把學校基礎打好是當務之急，所以亭妃爸爸就這樣接下五屆的家長會長，並和女兒怡珍一起從大港國小畢業。

「除了推動新學校的發展，爸爸也認為五育均衡對小孩子很重要，一定要建構學校體育運動的特色；所以就和創校校長林新獻共同創組網球校隊，當然這個時候就一定要有人出來帶動、自願加入球隊訓練。爸爸一拿到報名表，就馬上幫妹妹報名參加，以身作則來號召，讓家長有信心；如果小孩子對體育有興趣，可以讓他們加入校隊訓練，在這種向心力的驅使下，大港國小的網球校隊後來得到很多台南市的獎項，也代表台南出國比賽，校隊的推廣很成功。」

跟小亭妃的公主造型截然不同，妹妹因為參與網球校隊，小時候都是剪短短的男生頭，曬到像小黑人一樣；也因為在小學的發育階段有著超乎一般小朋友的運動量，咻——的，抽高到一百七十五公分，足足高了亭妃十公分。

03 喜歡學東學西的倔強小女生

「我的志願」是大家共同的作文回憶，跨越數十年、數個世代，童年成長的探索過程中還是免不了遇到這個大題目……女孩子想當老師、護理師；男孩子想當醫師、法官，大部分人的童年想像都偏向符合社會期待的制式化答案；但過於跳躍、奇異的想法又可能備受阻撓，當歌手、大明星或搞藝術創作對傳統家長而言根本是天方夜譚。

✻ 小亭妃眼中的魔法

「小的時候做什麼事都覺得好玩，碰到新鮮的東西都想要去試一試，喜歡東學學、西弄弄，以前看著設計師阿姨在打版、設計衣服，接著女工阿姨剪版型、車縫布料，把一塊塊布這樣拼拼湊湊變成一件衣服，就覺得：哇！怎麼這麼神奇！」跟著媽媽一起縫縫東西，挑起了小亭妃對設計衣服的興趣，有一段時間她更是以此為志向。

「我以後想當服裝設計師」小亭妃印象中的第一個志願是要當「服裝設計師」，在女工阿姨還有媽媽身邊幫忙縫釦子和小配件，是一件好玩的事，對於衣服從無到有的產出過程，對她來說像魔法一樣神奇。

❋「我要當服裝設計師，也要當美髮師」

天氣好的時候，阿嬤常常帶著亭妃坐車到新營伯父家，火車在鐵軌上發出咯噔咯噔的聲響，方形的車窗，框住途中的一幅幅風景，找哥哥、姐姐玩的心情好得就像要乘車飛起；新營伯母開的美髮店小巧而雅緻，座位上的大鏡子亮晶晶的，伯母一雙快手將髮絲捋順，再密密編織，一番操作全都映在鏡中，反射進小亭妃的眼裡；愛湊熱鬧的她當然不會放過機會，等客人一離開，門閭上的丁零聲還在蕩漾，小亭妃馬上吵著伯母教自己弄頭髮。

「學著伯母弄頭髮，又跟著媽媽縫釦子，看著阿姨設計服裝，這些都是我小時候的日常，所以就有了一些奇思妙想，培養出各式各樣的興趣，這些也成為我在不同年紀時的『我的志願』；雖然這些都是出於小時候的好玩，卻也成為我求學過程中，參加大大小小競賽活動的契機；像高中時的英語話劇比賽和運動會的化妝繞行競賽，剛好可以和同學一起發揮創意，贏得名次。」

✻ 不能穿ㄎㄡㄎㄡ鞋？小小心靈受傷

爸爸想培養的溫柔小公主，實則是個好勝心極強的戰士。「當時放棄學芭蕾舞是因為表演選拔沒被選到，開始會想逃避上課，最後才跟媽媽說不想學了。」這件事亭妃沒有跟媽媽說，隔了數十年才首次透露。

「平常練習的時候我們都是穿一般的軟底舞鞋，直到有次要在舞蹈班裡面選拔上台表演的小朋友，被選到的人就可以穿『ㄎㄡㄎㄡ鞋』，就是表演穿的硬底舞鞋；但我當時沒有被選上，很執著想著『為什麼我不能穿ㄎㄡㄎㄡ鞋』，小小心靈覺得很受傷，索性我就用腳痛當藉口不去，之後開始找各種理由，肚子痛、頭痛、什麼痛，總之就是不想去。」

爸爸媽媽以為小朋友單純是懶散、不想學習才找一堆藉口，但實際上是小亭妃自小的好勝心，讓她氣餒到賭氣逃避。

「當下只覺得是沒被老師選上心理受創，現在回想起來才知道——是自己好勝心太強。」

❋「光榮感、責任感——無論如何一定要贏」

學東學西是天生性子使然，把事情做到臻於完美是倔脾氣的堅持。

「高中的時候我是英語小老師，負責班級的英文話劇表演，那時候接到任務就跟自己說：一定要把它做到成功，這是我的責任所在。」英語話劇從服裝造型到劇本編排，陳亭妃沒有一處落下。

「英語話劇會成功主要是因為我們班級的向心力夠，會為了班級榮譽共同努力，還有我自己對表演也很有興趣，再加上小時候喜歡搞東搞西的經驗，做起妝髮、戲服更得心應手。」憑藉著興趣和經驗，班級英文話劇完美落幕之外，還取得非常棒的成績。

「除了英語話劇，我們還有舉辦運動會的造型競賽，那個時候也是為了一個光榮感，想說既然負責了就要贏！」天生的好勝心，在接下任務的那一刻全面啟動；為了要贏，一定要絞盡腦汁尋找最吸睛、又最可行的方案。

「當時靈機一動，覺得古代風格應該很少人會想到，最一開始是先想到皇帝的帽子，可是皇帝帽的珠簾做起來太複雜了，轉頭想到格格帽還可以挑戰一下！」一個月內要研究紙板該怎麼處理、瓦愣紙要怎樣剪，去創造一個嶄新的造型，對於身為學生的陳亭妃來說還是蠻有挑戰性，不過這也是展現自己創新與突破傳統的好機會。

喜歡求新求變是她活潑的天性；好勝心與責任心，則是出於陳亭妃堅持到底的倔強。

04 我的超級阿嬤

以前爸爸媽媽忙著工作拼經濟，小亭妃的多數時光，總是咚咚咚地跟在阿嬤屁股後頭；黏著阿嬤要陪我玩、要去找新營的哥哥姐姐……回憶裡許許多多跟阿嬤相處的畫面，無不漫溢著阿嬤對她滿滿的愛。

❋「沙土粽」上桌了！

「在我的印象中，阿嬤就是個傳統又現代的女性。」聽著陳亭妃說起阿嬤在腦海裡的影像，我們可以感覺到她是被奶奶用愛澆灌長大的孩子。

「小時候看到大人做什麼就要去學，以前端午節阿嬤都會包粽子，我圍在旁邊吵翻天，因為我也要包粽子。這時的阿嬤拿出她絕佳的EQ，直接把粽葉給我，叫我去包外面空地的沙土，包完之後再拿回來給她煮。」

阿嬤沒有用斥責來處理小亭妃的搗蛋行為，還讓她動手體驗到了「包粽子」的趣味，「甚至那時候根本不知道自己包的粽子不能吃，因為每次包完拿給阿嬤煮，最後搬上桌的粽子都是可以吃的，就覺得很有成就感。」阿嬤的沙土粽是亭妃的童年回憶，也是阿嬤對孫女的體貼與用心。

✻「阿嬤牌土豆」

想起阿嬤，亭妃家兄弟姐妹們的共同記憶——是「阿嬤牌土豆」。

「阿嬤的兒子、女兒，除了大伯住在新營，其他家人都住得很近，這也是阿嬤的要求；住附近阿嬤才能隨時看顧到自己的兒孫們，也因為這樣，我們所有的兄弟姐妹都有阿嬤牌土豆的記憶。」

「但是在介紹阿嬤牌土豆之前，我必須先打個預防針，千萬不要認為阿嬤不衛生，因為那是阿嬤照顧孫子們的用心。阿嬤很早就知道堅果非常營養，所以想用花生給孫子們吃，但當時大家年紀都還太小，硬硬的花生會咬不動，於是阿嬤就『動口』咬碎給小孩吃。」

「阿嬤親口咬碎給我們吃的那個花生，就像是用機器磨碎的一樣，乾乾的，完全沒有口水；尤其當阿嬤牌土豆配著白粥吃的時候，簡直是絕配！我們可以比平常多吃好幾碗米粥。」

一個個小蘿蔔頭們排排坐著，高高低低的個頭繞著阿嬤身周；阿嬤像胡桃鉗一樣，把一個一個花生放進嘴裡咬碎，所有的小孩都直勾勾地盯著阿嬤的嘴巴，把自己的嘴巴也張得大大的，等待阿嬤的投食。哺育雛鳥的畫面不是應該在動物星球頻道播映嗎？怎麼會出現在陳亭妃的記憶捲軸裡。

說來令人害臊的「阿嬤牌土豆」，陳亭妃現在回想起來，都還是忍不住要擦擦口水。

「長大後只要有家庭聚會，我們家兄弟姐妹都會比賽，看誰是阿嬤牌土豆的真傳弟子，結果呢？只有慘不忍睹的畫面。你會說真的有這麼難嗎？還真的難；因為我們吐出來的口水都淹沒土豆，根本看不到土豆的影子。」無法重現的好味道，阿嬤牌土豆就此失傳，成為亭妃家兄弟姐妹們腦海中的溫暖味道。

✻ 80歲的超級助選員

阿嬤受日本教育，讀的學校是家齊女中的前身，是陳亭妃的大學姐。

「阿嬤是一個很有日本味道的女性，會唱日本歌給我聽，還教會我唱日本歌謠〈桃太郎〉，可是阿嬤的思想是極為現代的，像媽媽都會覺得自己只有生女兒，沒有生兒子有點遺憾，反而是阿嬤都跟媽媽說生兒子沒有用，說自己的三個兒子個性都跟阿公一樣剛硬，女兒比較貼心。」

阿嬤會開導自己媳婦，還會帶著孫兒們玩，基本上家裡人想做什麼，阿嬤都會全力支持。

「阿嬤如果還在世，現在應該九十七歲了，我跟她差了大約五十歲；但她是我的最佳助選員兼超級粉絲，除了一直打電話給親戚，拜託他們幫我拉票以外，還騎腳踏車四處幫我宣傳；即使到阿嬤八十幾歲，幫我助選都還是她的日常，去菜市場發文宣，到處去介紹她心目中孝順的孫女給大家認識，用她的方式去打動人心。」

「阿嬤大概在八十五歲的時候騎腳踏車跌倒過，我們就故意把車藏起來，不再讓她騎，後來她就徒步走路去幫我助選；並且陪我拍廣告影片、開記者會。在我第二屆立委選舉的時候，阿嬤和她的姐妹們來幫我站台，阿嬤和姨婆們四個人平均年齡都九十幾歲了，還是以行動來支持我。」

「第三次連任就職的時候，阿嬤身體已經不太好了，但她還是堅持要北上參加我的就職儀式，她說那一天是她覺得精神最好的時候。」阿嬤對孫女的愛超越任何限制，那種自然的親情流露，是無法用言語形容的。

「我是最懂阿嬤的孫子，阿嬤喜歡吃什麼，我都知道……。」

05 少女、妻子、媽媽

魚販叫賣著新鮮漁獲、賣衣服的阿姨正在上架新款服飾，人來人往的市場緊鄰香火鼎盛的水仙宮，人聲、車聲、連麻雀吱吱喳喳的聲音都來湊上一腳，整個街區好不熱鬧。

❋ 顧店的少女遇到跑業務的少年

五十年前水仙宮市場的一家雜貨店鋪裡，商品被整理得井井有條，店內乾淨、簡樸，櫃檯邊上坐著一個二十初頭歲的少女，內斂的氣息中透著一絲羞澀，輕聲說著：「這樣總共是三十元。」

當年坐在水仙宮市場雜貨店櫃檯的少女，正是後來陳佳照議員的妻子，也就是陳亭妃和陳怡珍的媽媽。「外婆家在水仙宮那裡開了一間雜貨店，雖然稱不上是做什麼大生意，但在當時也算是經濟條件很不錯的，開一間店可以自給自足。」

那時，陳佳照還在當外務員，陳黃秀還是個在家顧店的少女。「爸爸在跑業務，跟人互動得很頻繁，外婆那時候就覺得這個男孩子不錯，也很喜歡他；因為認可爸爸的為人就介紹給媽媽認識，牽起緣分後，媽媽的一生就開始發生了一連串巨大的改變。」

❋ 第一胎的「爬上爬下」到第二胎的「臥床呵護」

「媽媽懷我的時候二十四歲，也是家庭經濟情況最糟糕的時候。」

亭妃媽媽在得知自己懷孕的當下沒有太多的喜悅，反而會有種時機不對的心情。「因為懷上我的當下，適逢爸爸投資生意失敗，作為太太也只能跟著一起努力，四處奔波；不論晴雨，早市、夜市都有爸爸媽媽他們兩個人擺攤做生意的影子。」

亭妃提到媽媽懷上自己時的處境，釋然地說著：「媽媽當時也是被環境所迫，根本沒有辦法，甚至不敢奢望這個小孩可以安然地生下來；為了拼三餐，沒有任何心思去顧及孕肚，只能看這個小孩子和他們有沒有緣。」

幸好，老天就是要讓陳亭妃跟著陳家；大女兒的出生，讓少女從妻子又變成了「媽媽」。

近五十年來亭妃媽媽的願望，都是希望女兒可以快樂過日子；媽媽奮力守護著自己的家庭，只為了給孩子美好的未來。

從少女變成妻子，原本在娘家舒適的生活變得辛苦，除了要和丈夫共同打拼事業，還要照顧整個家庭的起居。起初跟著丈夫跑市場擺攤做生意，到後來要自己下去批發成衣和行銷，再加碼變成成衣加工廠的老闆娘，一手打理起大小事……沒日沒夜地工作著，就是想要為家人築起一座避風港，給孩子們一個安心的棲身之所。

七年過後，家庭經濟穩定了，媽媽的肚皮捎來第二個好消息，有別於第一次懷孕期間的四處奔忙，有著身孕也照樣爬上爬下，全然感受不到體內胎兒帶來的不便，連摔跤都像個沒事的人一樣；第二次懷胎孕吐得厲害，全身上下都犯起毛病，連起身下床都像在打仗，只能靜靜臥床待產。

「原本大家以為兩個懷孕狀況會差那麼多，可能是因為這一胎是男生，結果妹妹出生的那一刻，家人們都有點意外。」七歲的小亭妃變成小姐姐，孤單了七年，好開心自己有個妹妹作伴了！

❋ 以「離婚」拒絕丈夫從政

「爸爸決定從政這件事讓媽媽氣到要離婚」，陳亭妃開玩笑般地講起這件事。家庭狀況穩定之後，亭妃爸爸開始想要追求自己的理想與抱負，可是卻把太太氣到將婚姻當成談判籌碼，甚至跑回娘家抗議、示威。

問了亭妃媽媽後來是怎麼轉換心情，願意支持丈夫去參選的，她也只是呵呵地笑說：「無法度！無法度！」

媽媽拎著大包小包，氣沖沖地跑回娘家訴苦，反而被外婆跟舅舅相勸「家和，萬事才會興」；再想想兩個可愛的女兒，她也只能說服自己去接受爸爸的從政選擇，全心投入輔選的工作。

嫁給了陳佳照，變成妻子；生下亭妃、怡珍，變成媽媽。當初漂漂亮亮的少女接下人生途中的各項挑戰，對於每個角色的扮演都鞠躬盡瘁，數十年來如一日，永遠青春無敵。

06 愛情交白卷

「學問、道理教課書都有，戀愛上上籤到底哪裡求？如果有教授，我一定要努力修，丘比特呀快為我加油」，聽著台灣偶像劇《命中注定我愛你》的主題曲，男女主角的戀愛酸甜苦辣彷彿自己嚐了一遍。

❋ 走進偶像劇裡談戀愛？

談起戀愛話題能說的只有戀愛偶像劇的心得，難道小時候的陳亭妃都沒有戀愛經驗嗎？

「年紀還小的時候，多多少少都會有一點對結婚的幻想，但是自己在那當下是怎麼想的，我真的已經完全不記得了。」

小學以前還處於懵懵懂懂的階段，等到國中、高中的年紀又忙著唸書，沒有心思可以用在談戀愛上，陳亭妃就這樣關閉愛情的雷達一路長大，從來沒有打開過……到了現在更沒有機會。

「大學到台北讀書，我只想著要回家，歸心似箭；一般男生應該都會覺得：只想宅在家裡的女生很無聊吧！從政以後的生活變得十分忙碌，一點多餘的心力都沒有，再加上我是工作狂，我要去談感情更是難上加難。」

經營感情需要時間，但陳亭妃最缺的就是時間，所以感情方面也掛蛋。

一位跟時間競逐的女子，平常並沒有太多心力追劇，卻一碰到偶像劇就跌進戀愛漩渦；難以相信她對愛情的嚮往，竟是靠「偶像劇」來投射。

「我會把自己代入到角色身上，暫時脫離一切瑣事，跟劇中人物『談戀愛』。」少女試探性地伸出一根指頭，穿過一層霓虹色的氣泡，進入到一個充滿蜂蜜甜味的粉紅世界，邂逅一場和風細雨的浪漫愛情；即便沒有戀愛經歷，也可以用偶像劇來刷「愛情經驗值」。

「我最喜歡《命中注定我愛你》這部劇，女主角從不起眼的『便利貼女孩』經歷了各式出其不意的考驗；有過機遇的選擇，也相逢了各色的緣分，持續自我提升，兜兜轉轉才獲得幸福美滿的結局。」徜徉在移情作用的奇想中，陳亭妃就是故事的女主角。

✻「不願耽誤別人的未來」

「媽媽也曾期待我的感情，能有開花結果的一天。」

陳亭妃的戀愛雷達從小時候就沒有開過，從政後更沒有餘裕去開啟；「每天都在跟時間賽跑，時間永遠都不夠用」，行程表被塞到要爆炸了，她還在想怎麼讓時間最大化；心力在工作上「All in」，又如何能慢條斯理地經營一段感情？進入婚姻關係更甭提了。

「誰願意跟一個沒有空檔的女孩子交往？就算現在已經是男女平權的時代，不再是過時觀念中，一定要女生去迎合男生；可是感情和婚姻還是需要雙方花時間來維繫，不可能是一個人的獨角戲，所以當我想起阿嬤與媽媽為家庭做出的遷就和犧牲，我實在不敢讓伴侶為了我那麼辛苦。」

＊「我嫁給了台南」

「阿嬤原生家庭的背景很不錯，原先她覺得嫁給公務員，家裡有個『鐵飯碗』就不用擔心家計；卻沒想到阿公居然為了自己的理念，憤而辭掉鐵路局的公務員工作，靠著打棉被維生。阿嬤厲害的地方，就是對丈夫的決定無怨無悔，扶持相伴一生，這不就是台灣傳統女性的韌性嗎？」

「而媽媽是家裡的小女兒，在還沒結婚前，每天只要穿得美美的顧店就好；但嫁給爸爸後，開始要為了討生活東奔西走，不僅要陪著爸爸擺夜市、擺菜市場，之後還得幫忙成衣批發、成衣加工廠；爸爸選擇參選市議員，她居然還要站到民眾面前，幫丈夫輔選。」媽媽對家庭的愛勝過一切，堅忍地闖過婚後重重關卡，過五關斬六將的辛苦她也甘之如飴。

在亭妃媽媽和阿嬤的故事中，可以見得女性在婚姻家庭中的堅韌與不認輸，為了自己選擇的感情與婚姻負責，既然身為妻子，就要是個「賢妻」。

而陳亭妃投身政壇，為民眾爭取權益，將自己嫁給台南。

07 老天爺給亭妃家的入厝禮

一個人的童年，是心滿意足還是寂寞孤獨？

❋ 這可愛的小娃娃是誰呀？

七歲的小亭妃看見妹妹出生的剎那，是抱著什麼樣的心情？

「七年獨生女的生活，真的很寂寞，當聽到媽媽說：『你要有個弟弟或妹妹了，有人陪你玩，開心嗎？』多了這個可愛的小嬰兒相伴，我的童年不再孤單，但生活也起了很大的變化。」

「妹妹的哭聲與我們的吵架聲成為日常伴奏，阿公、阿嬤、爸爸、媽媽總是喊著：『亭妃，多讓妹妹一點，有這麼困難嗎？』年幼的我總覺得很委屈，有時候真的很不服氣，對妹妹這個小搗蛋是又愛又恨。」或許是因為從小吵到大，陳亭妃與妹妹的緊密程度，已經沒有一點縫隙可以鑽過，親密無間的關係也讓彼此更加珍惜。

一家人從東市場的舊家搬到現在居住的房子，經過一年就迎來了妹妹這個小寶貝；「怡珍的歲數往加上一年，就是我們現在這個家的年紀」，妹妹的到來，就像是上蒼給陳家的入厝禮。

❃ 生活多了小玩伴？還是小惡魔？

全家團團圍在媽媽床沿，跟著媽媽分娩過程的一呼一吸，聚精會神地「深呼吸——吐氣」，沒跟上節拍就緊張得忘記呼吸，屏息等待小生命的到來。宏亮的啼哭聲打破產房緊繃的神經，爸爸用掌心輕輕托起小嫩嬰，抱在懷中看著這健康軟萌的小寶貝，家人們滿心歡喜。

「大家逗著妹妹，非常開心。雖然嬰兒的哭聲如雷貫耳，但是看到這麼迷你的娃娃，我覺得好好玩！新生命的誕生好神奇哦！」

抓著妹妹把玩她的頭髮、幫她搭配衣服，心情不好的時候，還可以偷偷捏她柔嫩的小臉蛋；妹妹的降臨填滿了小亭妃七年來的空虛，生活添上更多豐富的色彩。

「『從來沒看過差七歲還能吵成這樣』這是媽媽的納悶，當妹妹開始讀書上學，長大到會和我吵架的階段，她就變成小麻煩了。」

妹妹上小學後，除了一般學科，還要寫書法、畫圖跟做勞作，這個時候「姐姐」就得發揮功能了。怡珍總是會纏著亭妃，要姐姐教她做作業，只要沒有立刻得到回應，她就開始放聲大哭，喊著「媽媽～媽媽～姐姐不教我啦！」用魔音穿腦的哭鬧聲召喚媽媽出場，逼著亭妃陪著她完成作業。

「還記得某次剛好遇到我在準備月考，這個搗蛋鬼還是不放過我；我也只能委屈地一面哭，一面教她做勞作，唉！誰叫我是她的姐姐呢。」

❃ 吵架王姐妹花

從小吵架吵到大，時至今日還是一樣會隨時開戰。

「可能只是芝麻綠豆大的小事，或是一個莫名其妙的原因，都可以吵得不可開交。兩個人爭論不休，僵持不下，一定要吵贏對方。」陳亭妃提起跟妹妹的相處，第一個想到的就是從小吵到大；小時候媽媽跟阿嬤最害怕星期天的到來，因為姐妹倆都休假在家，一大早就必須要來一場轟轟烈烈的戰爭，「碰——碰」兩聲甩門的巨響，接著進入冷戰模式。

每週必上演的爭吵大戰，最倒楣的永遠是她們家的房門，不知道承受多少姐妹倆的怒氣，「如何解除家裡屋頂快被吵到掀掉的危機？就是聞到阿嬤準備的飯菜香；吵餓了、吵累了，媽媽和阿嬤的一句『吃飯了』，我們就會打開各自的房門，下樓到飯廳，當作剛剛什麼事都沒發生，好好吃飯。」

其實姐妹倆吵架後的沒幾分鐘就會反悔，甚至想不起來爆發爭吵的實際原因；陳亭妃不禁莞爾一笑：「因為我們都是O型人，脾氣是來得快、去得也快。」

✻枕邊人居然是陳怡珍？

小時候兄弟姐妹同床是很平常的事，但誰有想過四十幾歲的兩姐妹，現在還睡在一起。

習慣有彼此，也感覺不能沒有彼此，「我跟怡珍每天晚上都睡在同一張床上」；姐妹倆是彼此得以靠岸的港灣，相依相偎。

相差七歲，陪伴彼此、互相扶持，韶光釀製著手足情，從長姐如母到雙生姐妹花，難分你我；「以前被別人說『怡珍是你女兒嗎』，現在被問『你們是雙胞胎嗎』，我都笑到不行，感覺好像偷偷吃了怡珍的豆腐；但應該是因為我們每天睡在一起，越睡越像的吧！」

08 進擊的社會新鮮人

二十三歲從政前的陳亭妃在做什麼？

❋ 新聞工作直接體驗人生百態

「爸爸希望我當個朝九晚五的上班族。他一直想要我畢業回台南後，就去找個一般的行政職缺，然後趕快找個人安定下來，生個孫子讓他抱抱，但那一點都不適合我追求挑戰的個性，我想接觸更多不同的人事物，所以決心要當記者，爸爸即便反對也攔不住我。」

陳亭妃畢業後的第一份工作是地方新聞台記者，選擇這份工作始於對政治的興趣，但當年「想從政的志願」只有心理學老師和自己知曉。

「新聞記者是最能快速瞭解人生百態，及認識社會現實的工作，也可以迅速累積社會經驗。」就因為這個理由，陳亭妃開啟了進擊的社會新鮮人職涯，不僅白天要跑新聞，傍晚還得趕回家幫忙海產店的生意，大半夜再跑出門追警政新聞；其他空檔則拿來做專題報導，就只差沒有自己扛起二十多公斤的攝影機去拍畫面。

✻ 長官錯愕：穿平口洋裝跑警政新聞？

身著小洋裝、頂著蹩腳的妝容，特意打扮得有點正式，又說不上是哪裡不合時宜；第一天報到的陳亭妃給電視台長官留下很深的印象。

時任雙子星有線電視新聞課的課長羅啟浚是陳亭妃的直屬長官，回想起初見陳亭妃的場景，「她爸爸是前台南市議員，基本上面試的時候我們就大概知道；那時候看著她的履歷上寫著文化大學戲劇系畢業，是會有點懷疑的，但民國八十五年左右的時候，有線電視台基本上都很缺記者跟人才，又感覺她是個誠懇的小孩，看起來對新聞工作還很有熱忱，就把她聘進來了。」

到職首日的平口小洋裝對於跑警政線的記者而言很突兀，「新聞記者穿這樣好像有點怪？要出去跑新聞也不太方便。」

羅啟浚當天就是對陳亭妃這樣說，卻反倒讓她如釋重負，立刻做回率性不羈的自己。

「結果隔天開始她就穿得很簡約，一件牛仔褲加 T-shirt，留著短頭髮看起來很清爽；給人大喇喇又中性的感覺，很像一個小男生。」

✻ 求好心切，第一週就跟長官據理力爭

陳亭妃是負責跑警政線的記者，為了不遺漏任何新聞，三更半夜都會守著電話；一聽到記者大哥告知有案件，抓了麥克風，騎著摩托車就飛奔至新聞現場。但跟她搭檔的攝影大哥因為有家庭的牽絆，無法配合突發性的狀況；「她一個二十三歲的女孩子這麼衝，破壞了原本大家的步調，導致陳亭妃三天兩頭就會找我討論。」羅啟浚當長官當了三十年，沒遇過如此據理力爭的下屬，還被「教做事」。

在工作上有任何自己的主張，陳亭妃總是毫不避諱地直言，她堅持「對就對，不對就不對」，是個極度講求原則的拚命三郎。

「在我這麼多的下屬中，她應該是膽子最大的那個，敢直接跟我要求調整工作要如何安排，我也知道她是求好心切；陳亭妃的火爆性格，當時候讓我有點頭痛，但是她和同事之間的相處上卻很融洽，我才發現她做事、做人條理分明，對事不對人。」

面對陳亭妃的「隨時挑戰」，身為長官的羅啟浚不但沒有惱怒，更因兩人在職場的交鋒擦出意外火花，日後居然變成教學相長的好朋友。

✻ 第二週就成為主播救火隊

「很難想像一個上班才兩星期的小記者，竟然可以當臨時主播，邊上妝、邊播報。」

以前地方電視台沒有讀稿機，播台語新聞的主播必須要背稿、順稿、播報，現場直播更是一點讓人出差錯的空間都沒有。

下午六點直播新聞上線，五點四十分才接獲「臨時上主播台」的指令，要在二十分鐘內準備半個小時的新聞播報內容，她在心裡大叫：「怎麼可能做得到啊！」但身為新人的陳亭妃沒有退路，只能直面挑戰。

主播初體驗來得臨時，也結束得突然。

「當週輪值主播在播新聞時會戴假髮，導致今天是長頭髮，隔天又變成是短頭髮，對主播的形象定調有影響；我有去找她溝通過，但那個主播還是堅持己見，在動氣的情況下，我就把她換下來。可是電視台總共也才兩個主播可用，不可能要資歷深的出面救火，想一想就只剩下亭妃了。」羅啟浚說起自己這個倉促的決議，還是覺得不可思議，當初怎麼敢冒險讓零主播經驗的陳亭妃上陣。

跌破眾人眼鏡，菜鳥記者初試啼聲，就順利挺過艱難考驗；因為考核過關，陳亭妃立刻在上班第二個星期後，從記者變身為主播。

「她被我點名上主播台的時候很著急，只有二十分鐘的準備時間，一邊要順稿背稿、一邊要化妝弄頭髮。在直播現場準時播報，更不能唸錯稿子，就算妝沒畫完也要上場；所以在新聞片段切換到記者的空檔，她就抓緊時間補妝，現場忙亂得超乎想像，等到新聞播報結束，剛好她的妝也畫完了。」

現在只要羅啟浚提到這件事，都會被陳亭妃揍。當時要一個年輕小女生圓滿這樣艱鉅的任務，真是太折磨人了！

敢衝、敢試的社會新鮮人陳亭妃——交付任務使命必達。

09 長官與同事們給的從政勇氣

二十多年前的新聞環境，女性記者跑新聞並不容易，應對形形色色的人與滿路荊棘，不僅要無所畏懼，更需要熱情與毅力。

❋「我去選舉好不好？」

雖然陳亭妃工作認真的態度，大家有目共睹，但羅啟浚作為頂頭上司對於她真正的志向，難免有些臆測，「因為知道陳亭妃的爸爸是前議員，又看到她喜歡打抱不平、樂於接受挑戰的個性，再加上她自己時刻把握各種增加社會歷練、訓練口才或是拓展人脈的機會，非常用心在提升自我能量，我就在猜，她的內心深處應該是想要繼承爸爸的衣缽吧！」

「陳亭妃在這工作一年後，就跑來問我『我去選舉好不好』，我當時是鼓勵的，雖然女孩子從政不是條輕鬆的路；但根據我對陳亭妃的認識，她認真、不服輸的個性，不會辜負選民的期待，她一定可以盡力做到最好。只要她真心想往這個方向前進，且熱情不會因為挫敗或疲憊而被澆熄；我就很支持，她去走出自己無悔的人生。」長官的肯定與支持，讓陳亭妃多了一份從政的勇氣。

參選議員與否，就如同走在人生的十字路口。面臨抉擇的當下，不僅長官鼓勵了亭妃，還有一位同事看她處在焦慮的狀態，就帶她去找一位老師幫忙；結果老師看了看陳亭妃的八字後，只說了一句「你衝就對了」，這句話讓她彷彿又吃下了一顆定心丸。

長官與同事們的支持與鼓勵給了陳亭妃很大的幫助，讓她能有勇氣跨出第一步，也讓她滿懷感謝、銘記於心。

＊恆久不變的初心

羅啟浚認識陳亭妃超過二十七年，看著她一點一點積累歷練，性子也更加穩定、內斂，卻不見她的初心有任何改變。

「我覺得她變得更成熟了，因為接觸到的人更多元，還需要做選民服務或召開公聽會之類的政務；所以為人處事懂得面面俱到，脾氣的掌握也是收放自如。看得出來亭妃的能力跟閱歷更上層樓，可是不變的是她還是很善良、很懂得感恩。」羅啟浚親眼所見，陳亭妃二十多年來的變與不變之處；知恩且依舊的善良，是她值得大家信任的恆常本心。

❋「熱情與溫度是陳亭妃的魅力」

「當了議員的亭妃依然率真爽朗，即便是現在，我們都還跟以前一樣的答喙鼓（台語：開玩笑）。不過記者跟民代的身分並不一樣，以前她還可以耍耍脾氣，當議員後就不行啊！她從採訪者換位成被採訪者，如何拿捏媒體互動可是一門大學問。從記者到民代，她的評價和人緣一直都不錯，待人處事都拿出滿滿的親和力，到哪裡都可以自然熟。」羅啟浚覺得陳亭妃的開朗性格很有凝聚人心的力量，大家容易被她的溫暖感染，也容易被她召集在一塊兒，自然相處就像手足般的輕鬆自在。

「雖然在檯面上我們是民代跟採訪者的關係，但實際上的關係更像兄妹，如同感情深厚的親友。」雖然陳亭妃已經從過去的小記者，進擊成為一名立法委員，但在昔日長官羅啟浚的眼中，她就跟自己的妹妹沒兩樣。

「我們這裡也算是她的娘家，地方電視台是比較重鄉土、重區里的，會辦很多的活動，有一些需要幫助的地方，亭妃也都不會缺席。」陳亭妃思慮周全、留心細節，讓人感覺窩心又重情義；把大家當自己人，全是因為懂她得感恩、不忘根本的個性。

✻「江湖險惡，要挺住」

從同僚走到兄妹，二十多年的情誼歷久彌新，羅啟浚最想說的是，「江湖險惡，要挺住」。因為陳亭妃剛強的性格，為人也比較「直」，身為前主管的羅啟浚只希望她能好好保護自己；既然決定駛向政治的航道，人在江湖闖蕩，便無後悔的餘地，必需要堅強起來，去挺住一切。

「不管局勢怎麼變，你從政的初心不變就夠了；為人處事光明磊落，走在正道上就不會出錯。」這是羅啟浚作為長官兼兄長角色的溫馨提醒。

這樣剛毅直白、善良熱忱的性情，內心深處只想著助人的陳亭妃，該如何避開政治的暗潮洶湧，一直是親朋好友們最掛心的。

轉動回憶的膠卷，片段的、細碎的畫面一幀幀，串起過去與現在的連結，無聲播演著……我的童年、我的青春，是一章回味無窮的「軼事記」，帶我重遊每一個難忘的現場。

立法委員陳亭妃
陳亭妃
市議員
陳怡珍
⑧
陳佳照
⑧
代父出征

政途列車

→ Next

01 小小助選員正式參戰！

「大家都會問我，爸爸是不是從小就開始在栽培你要從政？」

答案是：NO!

❋ 登上媒體版面的 7 歲小小助選員

小小年紀一手拿著麥克風、一手拉著爸爸的手，有點「臭奶呆」的娃娃音請大家支持自己的爸爸，童顏又童言的助選場面，成為市場中一抹讓婆婆媽媽們爭相目睹的奇景。「我的爸爸是一個好爸爸，請大家支持他」，小亭妃帶著奶音的台語擄獲了長輩們的心，有些人還因為她楚楚可憐的模樣而潸然淚流。

「我當時就是覺得有趣，一開始只是在爸爸的服務處跟叔叔、伯伯講說『阿伯拜託你要支持我的爸爸』，自動自發跟大家拜託；當時爸爸專心忙著選舉，我則是叔叔的小跟班，叔叔開廣告車，我就跟在旁邊，看到有麥克風順手就拿起來童言童語，一路都沒在怕生，爸爸也是在拜票的當下，突然聽到自己女兒的聲音。」

選舉宣傳的期間正值冷天，南台灣的陽光也驅逐不散颼颼寒風，街道上卻有個小小的身影，穿著紅黑色格紋相間的棉長褲，黑底夾克的領口織著一圈白色布蕾絲，斜挎不太合肩寬的紅色綬帶，「代父出征」的黃字亮晃晃；稚嫩的臉蛋配上甜膩的奶音，小手還抓不太穩那隻黑色麥克風；小小助選員誤打誤撞成為競選「嬌」點，嬌小又可愛的女孩就這樣融化長輩們的心。

❋「原味的」尚讚！

「以前叔叔們會認為我是個小麻煩，但是現在變成是搶著要開廣告車載我到處去逛一逛，尤其是到菜市場的時候，簡直是全場的焦點，因為婆婆媽媽們從來沒有看過這麼小的助選員。」

廣告車上印著陳佳照的名字，車上拿著麥克風廣播的卻是個小妹妹，一聲聲的「支持我的好爸爸」環繞在大街小巷中。沒有制式的講稿，簡單幾句屬於小孩子的純粹語言，讓長輩們都驚喜萬分、爭相目睹；用可愛的力量打動人心，原汁原味的小小助選員最對味！

當年的政見發表會嚴格規範：要滿二十歲才能向選委會申請上台當助選員；但地方的人情通融加上小孩子的可愛無法擋，警察叔叔們就睜一隻眼閉一隻，大家也默契配合。

「我的專屬時間就是七點政見發表開始前的五分鐘。」

舞台四周圍著竄動的群眾，邊上的警察管控現場秩序，政見發表會正式開始前的空氣帶著凝滯的肅穆；元氣滿滿的一聲「逐家好」劃破沈悶，一個紮著雙馬尾的小女孩站在台上，用簡單的言語推薦自己的候選人爸爸；雖然只是兩三句話，卻展現出孩子對爸爸滿溢出來的愛。

七歲小亭妃的助選模樣成為大家爭相模仿的範本，很多候選人開始找小朋友站台，「不好意思哦！大家都說『原味的』尚讚，」陳亭妃揮著手露出自信的笑容，「其實後續效應我也沒什麼印象，但好多叔叔阿姨都跟我說當年的小亭妃還是最對味！後來怡珍也成為了我的『小徒弟』，五歲就接下麥克風助選。」

「各位阿公、阿嬤、阿伯、伯母、叔叔、阿嬸、阿姨，逐家好！阮的爸爸是陳佳照，伊是一个好爸爸，拜託逐家一定愛予伊支持」，這些童聲彷彿還迴盪在市場與街巷中。晃眼十數年光陰，原本小亭妃拉著的那雙手，逐漸單薄、乾皺；而當年背起來寬鬆、郎當的「代父出征」綬帶也變得合身……小亭妃長大了！

✻ 一場家庭革命

第十四屆的議員選舉，陳亭妃恰逢二十三歲，父親在上一屆議員選舉落選後，身體狀況並不理想，卻還想再拼最後一次；朋友勸阻的同時也在一旁鼓吹，把選舉任務交棒給女兒。

即便在朋友積極地建議及鼓動下，爸爸也從未動過要亭妃出來參選的念頭，滿口回絕；他自己清楚從政是辛苦的，所以希望女兒找個穩定的工作，然後嫁給一個好人家，安穩生活、相夫教子，不要去為政治奔波、勞碌；爸爸阻攔亭妃參政的一切理由，都出於他疼女兒的心。

沒想到後來爸爸的朋友跳過爸爸本人，直接去問亭妃的意願與想法，「那時候叔叔、伯伯們問到我對從政參選有沒有興趣，我馬上就說『有』，他們也把這些對話跟爸爸說，爸爸的臉就垮下來了，這個意料之外的答案讓他措手不及，也讓爸爸誤解了女兒在逼宮。」

「聽到我接受參選，爸爸當下有很大的失落感，他覺得自己被我和媽媽算計，就是設局要讓他不能繼續參選，還因此鬧了齣家庭革命。」

颳起一陣暴風，當時的家庭革命景象大抵只能這樣形容，不過爸爸也因為家庭革命的波折，看見了女兒參選的決心；在最後關頭，終於點頭同意，所有的選舉文宣才趕緊從陳佳照置換成陳亭妃。

周折的心路歷程代表了那時候父親的「不捨」，這些亭妃都知道。

✽ 始於爸爸的質詢帶

「在我說要參選前，就連媽媽也不知道我對政治感興趣。個性使然，我從來不會去跟他們說我要什麼、想什麼，可是我自己知道，當我想要做一件事，我都會用盡力氣去完成。爸爸沒當選議員改去開海產店的時候，我正在讀大學，除了打工補貼自己的學費，假日還會回家幫忙海產店，所有打雜的工作，甚至到殺魚我都會喔！」

即使後來她當上議員，依然會去幫忙家裡餐廳的生意，端盤子、洗碗的工作一樣都沒放過。陳亭妃不會去計較自己的身分是什麼，只看「她能」做什麼，接著就會主動把事情學好、做好。

坐在電視機前看著議員爸爸的質詢帶，玻璃珠般的眼睛映射父親堅持理念的身影，當年那個十二、十三歲的少女會走向政治，大概就是從愛看爸爸的質詢帶開始吧。

✻ 亭妃代父出征，一語成讖

突破爸爸反對的關卡，以二十三歲，剛滿被選舉權的年紀參選北區市議員，年輕得令人懷疑，也年輕得讓人熱血沸騰。

紅色西裝外套罩著黑色高領針勾毛衣，下身的西裝褲同樣黑得沈穩，搭配低跟皮鞋。拘束的裝扮看不見屬於花樣年華的時髦流行，微捲的短髮造型沒有突顯膠原蛋白滿滿的臉頰，反而呼應著妝容的老氣，「因為太年輕，所以要刻意把自己裝扮得成熟，這樣選民才會信任你。」

「陳佳照的女兒」是踏入政壇的第一步，「我就是當年那個拿著麥克風，站在市場和路口，用娃娃音要大家支持爸爸的小女孩」。小女孩長大了，真的代父出征了！

陳亭妃第一次參選，是奠基在議員爸爸過去的付出與成績之上。

02 意想不到的政二代

「我們家就是台灣本土色彩」，鄉土意識的傳承從阿公開始，爸爸延續下來又交棒給亭妃，但最初始參選還是以無黨籍陳佳照的女兒身分。

❋ 台南綠色執政比自己更重要

亭妃首次參選的時期，市長跟市議員是分開選舉，市長選舉大約是在市議員選舉之前的兩三個月。

「北區因為眷村的關係，一直都是民進黨的艱困選區，連要在這個地方租借張燦鍙市長競選總部都有困難；那時候我的總幹事，是民進黨的里長，也是民進黨創黨黨員，他就跟我和爸爸商量，是不是可以先把我西門路的競選總部借給張燦鍙使用，我和爸爸二話不說，立即答應。」

「當時好多的支持者出於擔心，都跟我說，『你是新人，等到市長選舉完，只剩下兩個多月就要投票，你這樣是要怎麼選？』就算是這樣，我和爸爸就只有一個想法——台南市一定要綠色執政。」

「婦女保障是參選的關鍵，北區有婦女保障名額，但當時民進黨並沒有推出候選人，等於把一席議員直接送給國民黨，如此一來就會影響到國民黨的選票結構，讓他們更有優勢；所以當我宣布參選的時候，北區惟一一席的民進黨里長就決定支持我，附帶的惟一條件就是當選後要加入民進黨。」

因此轉折，陳亭妃把民進黨的沙漠，逐步澆灌成綠洲；她與民進黨的故事，也持續寫到了現在。

❋ 亭妃帶著嫁妝加入民進黨

「記者出身、無黨籍身分參選，也因為婦女保障的關係，我的參選跟民進黨沒有任何衝突，偏綠的政治傾向讓我跟張市長可以相互協助，彼此拉抬選情；最後也由我贏得這一席婦女保障名額，擠下國民黨的男性候選人謝龍介，當然我也信守承諾，帶著當選證書加入民進黨。」

二十六年前，張燦鍙市長趁著國民黨內部分化時，順勢贏下台南市的執政權，台南市還是藍大於綠的板塊；亭妃帶著嫁妝加入民進黨後，讓北區也有民進黨的議員，得以深耕地方、穩定組織，攜手張市長擴大綠色執政的版圖。

民進黨在台南執政後，不能停留在喊喊口號的階段，要積極扎根基層，「當時我給自己的期許，就是要讓民進黨里長在北區里長的佔比增加；因為里長是接觸民眾的第一線，也是地方擴展組織力量最重要的關鍵。」

在陳亭妃擔任議員的這十年，民進黨的里長從原先的一席，增加到三席，到現在用十隻手指頭都數不完。綠色可以在台南持續執政，並非是天上掉下來的禮物，而是許多政治前輩共同努力的成果。

❃ 要讓爸爸以「陳亭妃是我女兒」為榮

爸爸過去為北區所做的一切，都變成亭妃當選議員的養分。

「雖然我是用婦女保障名額當選，但最重要還是『陳佳照議員』給我的基礎；我如何能夠在這地基上，蓋一個屬於北區鄉親信任陳亭妃的堡壘，讓這個堡壘可以為我的鄉親遮風擋雨，讓大家看到年輕人的力量，這是我這四年要做的，也是我給自己設下的目標；競選連任的時候，我要讓大家看到的是，一個可以讓鄉親信任依賴的陳亭妃。」

陳亭妃知道，從政之路不可能永遠依靠爸爸或是婦女保障來保駕護航……「我是陳亭妃，是可以讓大家信賴的陳亭妃。」

爸爸留給女兒的政治資產是信任的放手，也因為這份愛，讓大家可以直接看到陳亭妃，在第二次競選議員拿下第二高票，第三次競選連任則一躍成為北區最高票的議員。

❋ 信任＝放手

質詢台的背板貼著比人還大的全開海報，上面的字句都是用麥克筆一筆一畫寫下；一支長長的直桿在海報上比劃著，沿桿子挪動視線，看見一張透著青澀的秀氣臉龐，帶著與年齡不相仿的妝，說話伶俐。

做事很衝，是大家對新科議員陳亭妃的第一印象。

「我和爸爸都是個性很硬的人，有次我跟爸爸意見不合，直接在服務處『對槓』，媽媽都快被嚇死了。還好爸爸心情調適得很快，也知道是時候把任務交棒給年輕人，讓我自己做主，就算意見不合，還是會出於對我的信任而妥協；也因為對女兒的愛護，永遠都會為我掃去前方障礙，給我最大發揮空間。」

說一就是一、超級大男人主義，傳統又威嚴的爸爸，面對疼愛的女兒，就是讓她自己面對挑戰、承受壓力——這條路是女兒選擇的。

「我當議員的時候，爸爸有很多老朋友都還在市府服務，每次看我帶厚厚一疊數據來質詢，來勢洶洶，就會跑去跟爸爸說。身為前輩的爸爸都知道我在做什麼，看到我在家裡準備資料、道具，也只是默默支持，讓我自己去摸索；因為爸爸說這是進步最快的方式，無論遇到任何人情壓力，他都會扛下，就是要讓女兒不受限地發揮，可以不斷地朝自己的理想與堅持前進。」

大家聽完這個故事，都會開玩笑地說是陳亭妃天生的固執基因使然，講了也沒用，可是任誰都感受得到——那是爸爸疼惜女兒的放手。

✻ 我懷念的、我遺憾的

肉粽、碗粿、飯糰、牛肉湯……台南的隱藏版早餐，藏不住父親的愛。

「爸爸卸下議員的身分，生活重心就從工作轉向家庭，但工作卻變成我的重心，尤其在爸爸身體不舒服的那段時間，正好是我工作忙碌的巔峰，他常常會問我說，『你們什麼時候要帶我出去玩？』讓我現在想起來都很揪心。」

「一個曾經在外風光無限的人，晚年回歸家庭後的期望即便是這麼微小，我都沒有辦法好好地達成；這是我對爸爸永遠的愧疚。」

因為鄉親賦予她的每一張選票都是責任，亭妃不能辜負，所以從議員到立委這二十六年來，她的腳步從來沒有停過。

「雖然盡力在工作的間隙中帶爸爸到處走走，但那是不夠的；爸爸離開後，那種虧欠永遠在我的內心深處，『子欲養而親不待』，這種痛無法彌補。」

東邊的地平線還靜悄悄的，旭日仍在瞌睡，爸爸躡手躡腳地出門，牽著摩托車到街口才敢催油門，生怕打擾一家人的清夢；在寧靜的台南街頭騎車，晃過一家一家早餐店，趕上排隊的前段班，拎著大包小包的早餐回家。

「我從政之後，爸爸每天都會很早就出門排隊，買那些台南隱藏版的好吃早餐回家，像是肉粽、碗糕、飯糰、牛肉湯……所以現在我都會回想當時爸爸買什麼給我們吃，每次都繞完一圈，買齊了去拜爸爸。」

這是亭妃與爸爸相處最深刻的畫面，也是再平凡不過的日常。

父親的愛從權威到放手，從對槓到買早餐；是無聲的，也是恆久不變的。

台南市需要
什麼樣，數據

03 政治佔據媽媽的大半輩子

從丈夫第一次參選議員到女兒們接棒，一屆一屆的選舉，彷彿是亭妃媽媽的接力賽，不論是議員太太還是議員媽媽、立委媽媽，都是她最甜蜜的負荷。

✻ 媽媽是姐妹安心的依靠

「媽媽是爸爸參選的最佳助手與分身，十幾年後變成女兒的助手與分身。」

「對候選人來說，選舉就是要讓選民認同你，才有可能把寶貴的一票投給你，但是在選情不被看好的狀態下，辦座談會不可能、辦政見發表不可能、辦造勢活動更是不可能，因為現場只有小貓兩三隻的話，反而會打擊士氣；所以這時候我惟一的方式就是把自己當成行動廣告直接走向選民，讓他們記住我的人、我的名字，之後才會進一步想要瞭解陳亭妃是誰。」

當選舉不被看好，除了每一步都走得煎熬，還會在途中處處碰壁。陳亭妃第一次參選議員就是如此，在選舉過程中所受的傷，都是亭妃媽媽在幫她加油打氣、幫她療傷。

「二十六年前，大家對於年輕人從政有很多的質疑，當然也會遇到很多不客氣的選民；除了我自己感受不好以外，最不捨的是我媽媽，尤其是親眼看到自己的女兒被潑冷水，那種無能為力對媽媽來說是很殘忍的。」當時媽媽的內心一定是在淌血，但是為了選戰，媽媽也只能忍住心痛陪著女兒，風雨無阻。

「媽媽知道她這個女兒想做一件事，就一定要做到最好，所以一直默默陪著我，做我最好的依靠。」

❋ 陳亭妃最會找媽媽麻煩

客廳盤堆著一箱一箱的文宣品，茶几旁的矮凳是媽媽的一方天地，「家庭代工」動力源於對女兒們的愛。

「我們每年過年都會設計一個生肖紅包，上面會黏上一個一元銅板，象徵著『一元復始，萬象更新』，這小小的一元紅包可都是靠人工黏貼的，我媽就是負責代工的總督導；我們姐妹的『文宣勞作』都是她和其他志工媽媽們一起動手完成的，如果全部有五萬個，她們就要這樣一個一個處理五萬遍，加上媽媽龜毛的個性，小細節都不會放過分毫。」

媽媽是陳亭妃發揮創意的執行者，隨著家庭代工的種類越來越繁複，志工媽媽們的手腳也跟著越來越快；也因為媽媽們總是使命必達，讓陳亭妃蹦出更多的新想法，腦袋瓜裡永遠有源源不絕的靈感想實現。大家都開玩笑說，最會找媽媽麻煩的就是陳亭妃。

❃「媽媽是我的垃圾桶」

「政治工作壓力大，常常會有負面情緒，在外面，我只能把最好的一面展現給大家；回到家，我就如同躲進自己硬殼裡的巨蟹，讓我感到很安心。媽媽永遠都在當那個接收我第一手真實情緒的人，這是我覺得最對不起她的地方；喜、怒、哀、樂，她都看在眼裡、放在心裡，從不過問，只是靜靜提著垃圾桶，看我什麼時候願意丟垃圾。」

時刻感知女兒們的情緒狀態，敏感又細心，給予彼此空間，心照不宣；媽媽是最瞭解女兒們的人。

❋ 媽媽想要什麼？喜歡什麼？姐妹猜一猜

就算成為議員太太，或是議員甚至立委的母親，亭妃媽媽永遠不會張揚地表達喜好，也不會去追求物質享受。

「媽媽即便心裡是喜歡、想要的，也總是會推辭掉，所以以前爸爸只能用強迫中獎的方式，讓她自然而然開心地接受。」

媽媽的心口不一是她的特色，彆扭得有點可愛，因為事情太多、太忙而無法隨時接到頻率的亭妃每次都像在猜謎一樣，最後還是需要靠著怡珍去「接天線」

找到答案。

「對於媽媽喜歡的東西，我們只能從閒聊的過程找蛛絲馬跡，然後藉著節日買下來送給她。現在，猜一猜媽媽的喜好已經變我和妹妹的生活小樂趣了。」

❋ 媽媽喜歡獨享一整個家

媽媽從結婚到現在，將近五十年來都是不分晝夜地付出。

媽媽要的幸福其實很簡單，「媽媽不喜歡外出，空閒的時候就喜歡待在家裡，但這種時間太少了，只有我們姐妹選舉完後短短的一小段時間，可以讓她好好的享受一下。」

「我們說要帶她出去玩她都不要，只喜歡依照自己的規劃，待在家裡不受任何拘束。早上起來悠閒地洗衣服後，坐下來享用早餐，再去看個電視，然後去睡個午覺，很自由、很滿足，反正女兒都出去了，整個家裡的空間都專屬她一個人，沒有人打擾，想做什麼就做什麼！」

媽媽的幸福就是閒置的美好時光，不被安排、沒有規劃，沈浸在獨處的幽靜世界。

❃「媽媽，您辛苦了」

街坊鄰居常說媽媽是最會生的肚子，生出了一個立委、一個議員，但是拉拔兩姐妹長大的年華歲月，不僅要打理家務，還要外出掙錢，辛苦異常。

「一開始是她的先生，後來是她兩個女兒，幾乎都在外面奔波。媽媽是我們的最強後援，不管是幫忙文宣加工，或者是活動的協助，我們姐妹的大小事都少不了媽媽。」

女兒們長時間在外拼搏，行程滿檔，無論是一家人同桌用餐、客廳裡輕鬆閒聊，還是偶爾假日出遊同樂，許多簡單溫馨的家庭生活，都因姐妹倆的工作不得不犧牲。

亭妃一早去台北開會，晚上回家都已經很晚了；怡珍也是地方行程滿滿，在家的時間不多。

「媽媽知道自己已經將女兒交給選民，所以很多人都會跟媽媽說，你的兩個女兒為台南做了很多事；但，對於媽媽來說，陪伴這件看似簡單的事，卻早已成為我們家最困難的事了。」

因為時間優先留給選民，姐妹對媽媽總是感到內疚，只希望媽媽可以健康、快樂的，與她們相伴到老。

「媽媽你要一直健健康康，照顧著我們姐妹到老。」

陳亭妃
陳亭妃

04 為政治犧牲的聲帶

立委辦公室的門虛掩著，我們坐在會客的矮沙發上等待今天的訪談，突然間，門外傳來一陣挾帶沙礫般的低音交談聲；還未見著人影，我們就知道陳亭妃要到了。沈穩低啞的嗓音成為她鮮明的標誌，也是她闖蕩政壇的獨家烙印。

＊主播聲線大走鐘？

從電視台女主播的清亮聲線，到質詢台上渾厚的「燒聲」；從 A-Mei 的〈站在高崗上〉到現在不知低了幾個八度的音高。大家所熟悉的低沈嗓音中帶著滄桑，是在政治旅途中奔走的痕跡。

「叭——叭——」造勢喇叭的聲響劈開天際，鼓譟著台下觀眾的情緒，只要一上台，就會將自己全心投入在造勢現場的陳亭妃，馬不停蹄地擔任一場場的活動主持，喊到聲嘶力竭，只為了把自己的職責做到最好，連喝口水緩一緩的時間都不留，漸漸地，原先的主播音嗓也變得低沉暗啞；因為她費力的助選嘶喊，如今也成了另類的標誌。

小奶音變燒聲的天生助選員

走進回憶，七歲時綁著公主頭的可愛小女孩，引來市場婆婆媽媽們的關注；柔軟的小手連麥克風都握不太牢，細柔的娃娃音用台語真切地說著：「各位阿公、阿嬤、伯父、伯母、叔叔、嬸嬸、阿姨，請支持八號陳佳照，他是我的爸爸，我的好爸爸。」

小小助選員治癒人心的「小奶音」，在大學畢業後，經過戲劇系的磨練，聲音的表現上已經能完全勝任主播的職位；少女玉立在鏡頭前抑揚頓挫地播報著新聞，溫柔口吻散發出的專業形象令人信服。

不少人都會好奇：當過主播的陳亭妃原本就是這個聲音嗎？

「主播的聲音哪可能像現在這樣？」陳亭妃對當時自己的嗓音很有自信，但小女孩的奶音、清麗的主播嗓音在從政後的奔走操勞之下，已成為現在最具特色的「陳亭妃版燒聲」。

❋「聲帶不是長繭，是彈性疲乏了」

談起自己的特色燒聲，陳亭妃清了清喉嚨說道，「在張燦鍙市長之後，民進黨徵召許添財立委競選下一屆台南市長。那時我去擔任他的發言人，除了要上戰車當『肉聲』，還要幫忙主持大大小小的造勢；在許添財選上市長後，接著就是我自己的第二屆議員選舉，在這期間聲帶完全沒有休息，再加上也不懂得照顧自己，就變成了現在這樣沙啞的聲音，感冒的時候還會更沙啞。」

「既然聲音回不去了，乾脆就把它變成陳亭妃的特色，現在好多選民都是先認出我的聲音才轉頭看我。有支持者跟我說過，如果他媽媽知道我有上節目，一聽到客廳電視上有我的聲音，人明明在廚房忙，都會馬上放下手邊的工作，跑到電視機前面聽我的論述；每每聽到選民說我的聲音太好認，我都會覺得：這或許是我和選民拉近距離的一種方式。」

✻ 聲嘶力竭的造勢主持，是感動

「自己沒有把嗓子保護好，不能怪別人。」

陳亭妃天生的音嗓不像陳菊、蘇治芬般低沈渾厚，所以必須提高音頻炒熱場子，用高八度的熱情去帶動氣氛，主持大型造勢活動，是聲帶的消耗戰。

今年雲林成立「信賴之友會」的現場，「Team Taiwan 挺台灣」、「賴清德，凍蒜」每一聲都像一記重拳，用力擊打著空氣，陳亭妃在台上的呼喊帶動著聲波的震盪，支持者的熱情也跟著沸騰。

「慢慢加溫，讓熱度達到最高，造勢場子的氣氛是要靠主持人來掌握的。」

這是她主持過多場活動的心得，也是她聲嘶力竭的執著。

各種拜票活動、造勢現場，聲帶的拉扯、撕裂，一路到現在變成個人特色，聽到聲音就知道是陳亭妃，人還沒到，聲音先到了。

✻ 26年前〈站在高崗上〉飆高音

「原本聲音比妹妹還要細的，我是當主播的人耶！怎麼可能是這種聲音。我當第一屆議員的時候，跟記者朋友們去唱KTV還可以飆高音，阿妹的〈站在高崗上〉一點都難不倒我，但現在是低了八度再八度。」

說起昔日的高亢嗓音，陳亭妃彷彿又回到KTV的包廂現場，只差沒有當場獻唱。

回想每一場全力以赴的助選——在青春烙下的印記，也成為日後陪伴數十年的「最佳識別證」。

05 二〇〇八年，不可能的任務

十年議員經歷，兩年台南民進黨黨部主委，三十三歲當選立委。

❃ 逆風前進

腳上穿著一雙簡便的運動鞋，身上披著「一號立委候選人陳亭妃」的綠色綬帶；二〇〇八年的一月份，台南的陽光還曬不暖大地，卻有個身影在鬧市、在大街、在靜夜、在破曉……不顧寒冬的冷雨、乾裂的晴朗，陳亭妃不放棄每時每刻，盡己所能握到每雙手，爭取支持。

「在黨中央的選情評估，因為民調數字和國民黨候選人差距太遠，我是被放棄的那一個。」

第七屆的立委選舉採單一選區兩票制，是全新的選舉模式。二〇〇八年適逢民進黨的低潮期，黨內認為須將有限的資源重點分配，優先幫助選區戰況打成五五波的候選人；當時中央為民進黨執政，公務體系的行政團隊上行下效，南下輔選只幫忙現任的立委，而不包含陳亭妃。

「在當時的政治氛圍，如果你問十個人對選情的看法，可能只有一個人說陳亭妃會當選，而且這個人還要剛好是我自己的幹部。」

陳亭妃三十三歲選立委的當下，即便有了十年議員的資歷，在政壇中還是年輕得令人心疼，不禁使我們又回想起她二十三歲選議員的模樣；過了十年好像仍是步步為營，只能用自己的雙手牽起每個選民、用自己的雙腳踏過每寸鄉里。

「二〇〇八年民進黨選情低迷，再加上現任立委有地方組織勢力，大家理所當然地認為我的參選是以卵擊石；但我只有一個信念，就是不能讓自己有遺憾，面對每一場戰役，就是要勇往直前，做足每一個環節，戰到最後一刻；就算最後的結果不如預期，我都可以很大聲地對自己說：『陳亭妃，你盡力了！』」

誰能相信，有人竟然為了拜票穿破四雙鞋。

「選情不被看好，資源全都萎縮，怎麼辦？只能靠自己了。沒有多餘的廣告預算，就像當初第一次選議員一樣，把自己當成廣告看板，從早走到晚，讓大家隨時都可以看到陳亭妃最真心的請託；我就這樣一直走、一直走……穿破四雙布鞋。」

❃ 被放棄的陳亭妃

台南縣市合併升格成直轄市前，陳亭妃是台南市第一選區（安南區、北區、中西區）民進黨提名的候選人，但是，在民進黨中央的選前廣告中，台南的部分只有出現當時第二選區的立委賴清德；陳亭妃身為第一選區的一號候選人，杳無蹤跡。

鈴鈴——鈴鈴，陳亭妃競選總部辦公室內的電話聲此起彼伏，選前廣告發布後，當天早上接到比平常還要多上幾倍的民眾來電，「你們知道廣告裡面沒有放陳亭妃嗎？她棄選了嗎？」陳亭妃的支持者們緊張地關切選舉，有些更是氣憤地打電話去民進黨中央黨部抗議。這個插曲讓黨中央壓力劇增，不得不立刻要求文宣部召開記者會說明，文宣部的主任也在記者會現場向陳亭妃及一眾支持者們表達歉意，並南下關心她的選情。

「因為這場記者會，我的『一日』曝光量暴增，一場選舉的成敗，都是由一連串無法預知的狀況環環相扣組成；這些『意外』成就了我二〇〇八年的險勝。」

因禍得福嗎？

從原先被遺忘的陳亭妃，到掀起長浪獲得更多民眾的注意，再輔以貴人的援手相助；這些機緣巧合，可能都是宇宙在回應她的心願吧！

❋「就是那 943 票」

宣傳車駛過台南的金華路，馬路上擠滿手拿旗幟的支持民眾，鞭炮聲震耳欲聾，南部鄉親的熱情不言而喻。阿扁總統站在宣傳車上，雙手作揖，拜託大家支持一旁的立委候選人陳亭妃。

「許添財市長、游錫堃院長、阿扁總統，都在非常時刻陪著我接下不可能的任務；還有賴清德副總統當時候沒有選擇藍綠盤較接近的第一選區，而把第一選區留給我這個年輕人。」這些人都是陳亭妃可以扭轉局勢的「貴人」。

「我是許添財市長的子弟兵，許市長的全力相挺，似乎是理所當然，那游院長呢？會跟游院長結緣，單純是因為我擔任台南市黨部主委的時候，他是民進黨黨主席。當我被提名參選立委，接到的第一通關心電話，居然是游錫堃院長打來的；讓我最感恩的是他在至關重要的選前十天，還特意南下到我的競選總部，鼓勵我絕對不能被民調影響，一定不能放棄，要戰到最後。」

「我很肯定地回答游院長，我有信心，因為我握的每一雙手都是那麼的溫暖、真實。」

在原先內心認為自己是被黨中央放棄的窘況，還有一位重量級的政治前輩願意前來關心陳亭妃、支持陳亭妃；聽著她敘述起這段過往眼角泛起閃閃的淚光，似乎可以窺見她內心深處的情緒是多麼洶湧與激昂。

游錫堃主動問起，陳亭妃的最後一場造勢晚會安排在何時，她只有悻悻地表示選情不被看好、中央助選資源不足、募款狀況不理想，因此沒有規劃；游錫堃聽完後，只有一句話：「你就利用阿扁總統重返319車隊掃街那一天的晚上舉辦陳亭妃的團結之夜，講者由我來安排，我會拜託阿扁總統排除萬難來幫忙站台，舉辦造勢晚會的經費籌措我也會來幫忙。」

「有了游院長這個及時雨，整個團隊如虎添翼，我們不再是被外面嘲笑、被民進黨放棄的孤兒。藉著阿扁總統重返319車隊掃街的氣勢，當天在樺谷飯店舉辦的造勢晚會，是超過萬人的場子，也讓我可以一次說明我爸爸生病的狀況；絕對不是像外界的謠言攻擊，說我為了選舉隱瞞爸爸過世的消息。當我說，我覺得自己很不孝，害爸爸因為我的選舉要被這樣詛咒時，現場好多人都陪著我一起哭，那個場景我到現在都忘不掉。」

二〇〇八年元月十二日，第七屆立法委員選舉，陳亭妃以九百四十三票差距險勝；成就這一場戰役的每個人都是「貴人」，每一份力量都是寶貴的、缺一不可的。

❋ 謝謝你們

「我感謝一路陪著我的每一個人，你們都是我生命中的貴人。」

「謝謝所有的政治前輩，在亭妃人生的關鍵時刻，扶了我一把；更謝謝在造勢晚會陪我一起哭的你們，甚至在投票的前一天晚上，陪我走了五個小時、十五公里路的每一位。我還記得，即便是回到競選總部，大家仍然不願意解散，團結支持的力量越集結越多，這些都是讓亭妃能夠險勝的超級動力。」

苦幹實幹是陳亭妃做事的精神，知恩圖報則是她奉行一生的價值。

06 爸爸的先見之明

「姐姐她真的很辛苦，二十三歲做出從政的決定，當時家裡的經濟都是需要她來幫忙，常常在自己的工作結束之後，還要幫家裡的海產店當碳烤小師傅；你能相信，當遇到客人多到人手不足的緊急情況，她竟然可以一個人拖著瓦斯桶來讓舅舅更換？從小到大一路走來，她對我們的付出，全家人都能清楚地感受到。」不喊苦、任勞任怨的個性，從陳亭妃手臂上尚未褪去的疤痕中隱約透露出來，她被烤爐燙傷的記憶，也紋在家人們的心眼裡。

❃ 爸爸生前的願望

二〇〇八年，陳亭妃從議員身分轉變為立委，妹妹則是這個時期最重要的支柱。

「在我參選立委的期間，爸爸已經病得很嚴重，躺在床上無法開口說話，那時候他就只能用寫字來表達。」憶起這段回憶不免讓陳亭妃鼻酸。

「在當選立委後，有一天爸爸突然用他無力的手，歪歪斜斜地寫下『陳議員』，我跟妹妹想說為爸爸是不是躺在病床上太久了，忘記我已經當選上立委了；沒想到，爸爸舉起顫抖的手，奮力地往後指向妹妹的位子。」

「爸爸，你是在指怡珍嗎？」聽到亭妃詢問後，爸爸才點了點頭。

即使臥病在床，身為父親還是不忘為大女兒操心，希望怡珍這個親妹妹一定要站在第一線幫忙姐姐，獨當一面地應對台南所有的事；因為依照陳亭妃拼命、龜毛的個性，除了妹妹以外，應該沒人能達到她要求的效率。

從反對大女兒從政，到欽點小女兒參選；為人父，永遠割捨不下那份想保護女兒的心情。

❃「姐妹的相互扶持，就像彼此的翅膀」

姐妹倆人的脾氣都是來得快、去得快，儘管大大小小的衝突不斷，但過了就沒事了。

「一開始我去幫忙姐姐從議員準備選立委，她就是我的老闆，我是她的助理；後來我自己當了議員，我們就變成是工作夥伴，她在中央、我在地方，一起努力把工作做好。即使是姐妹一起工作，也會有理念不合的時候，雖然我們常常有爭執，但長大後我們也不會搞得太難看，溝通完或情緒平復後就算了。」怡珍作為妹妹，再生氣都還會為姐姐著想。

「對妹妹，因為是自己人，所以比較不會掩飾自己的情緒。有時候急起來口氣可能就很差，或是沒弄清楚就罵她，這大概也只有妹妹可以忍受；因為她知道我是求好心切，讓她默默承受了很多委屈。」

或許這就是兩姐妹彼此協力、彼此配合的相處方式，從亭妃、怡珍的眼神裡，也可以看出她們倆的惺惺相惜。

❋ 怡珍眼中的工作狂姐姐

陳亭妃一直有個大眾不瞭解的恐懼，她從小就害怕大醫院，只要到醫院整個人就會像木頭人一樣定住，沒有人知道真正的原因。媽媽也曾說過小亭妃還在強褓中的時候，只要帶她到像醫院的地方，她一定會莫名其妙大哭不止。

「有一天晚上姐姐肚子痛到自己主動說要掛急診，我們就知道事態有多嚴重了，因為家人都知道她有多抗拒去大醫院；後來一檢查發現她是卵巢扭轉，醫生必須緊急動刀，結果開完刀不到一天的時間，她醒來看到醫生的第一句話，是問自己可不可以回家了；醫生當下傻眼，因為正常狀況都是要住院觀察兩三天才可以出院，最後醫生拗不過她的堅持，也只好問她還有沒有哪裡不舒服，她說沒有，醫生眼看也擋不住，索性在確認完各項指標之後，就放她走了。」

出院前，醫生還叮囑陳亭妃要在家好好休養，結果隔天她就出門跑行程！

「她堅持『蔡英文總統來台南時，一定要親自迎接』，我跟媽媽怎麼阻止都沒用，那時候我只覺得她很誇張，才剛開完刀一兩天就跑去工作，是不是很瘋狂？」怡珍身為妹妹，看到姐姐為工作賣命也在所不惜，這件事讓她驚呼連連；震驚姐姐工作狂指數破表的同時，另一方面也很心疼她。

從小看到大的拼命姐姐

「姐姐她高中的時候有參加學校的排球比賽，大部分人都是抱持著好玩的心態而已；可是她就是那種衝勁十足的人，任何一顆球都不會放手，弄到自己滿身是傷。女生一般都很怕受傷，但她為了班級的勝利都沒在管那些，只想要拚到最後一刻。」

陳亭妃的幹勁十足跟永不退縮的身影一直徘徊在妹妹的腦海裡，不論是第一次議員選舉還是第一次競選立委，過程中雖然都不被看好，但她就是有辦法不顧旁人的冷嘲熱諷，一路堅持到最後，讓大家跌破眼鏡、贏得勝利。

「上一次市長初選的時候，大概是姐姐這麼多次選舉以來，第一次真正在選舉結果受挫；因為過去只要努力就會開花結果，但這次卻完全不同，我們只能說『非戰之罪』。當我們大家都還在修復心傷的時候，身為當事人的她，在結果出爐的隔天，就像平常一樣出門跑行程、接觸民眾，還親自前往三十七區的後援會，向每一位幹部感謝。當時每個人都非常不捨，因為姐姐是惟一在市長初選時有提出政策白皮書的人，她走遍三十七區瞭解基層，就為了要讓大家看見她準備好的樣子。看她市長初選沒有過關，幹部們都淚流滿面，還是姐姐一個一個安慰他們的；這是我覺得她最厲害、最讓我佩服的地方。」

大多數人遇到挫折都想要喘口氣、沈澱一下，但陳亭妃馬上就調整好心情上工，在妹妹心中簡直就是個女超人。

❃ 被訓話：「你姐姐以後也是要當市長的人」

議員陳怡珍拿著麥克風振振有詞，不斷地追問市府團隊預算規劃問題，市府秘書長站在質詢台前，雙手背在後頭，不置可否地回應著；在議員的提問一次次被打發掉後，她的聲音也逐漸高亢激動起來。當時的她，選上議員還不到一年，希望可以立刻回應選民的期待；那時來自黨內前輩的教誨，給怡珍帶來不小的挫折，但也讓她重新調整了監督的步調。

雖然心裡難過，但對妹妹來說，姐姐的存在讓她感到安心不少。

「從政以來最難忘的記憶，就是在質詢時被時任台南市長的賴清德訓話，那時候我是為了爭取地方建設，跟秘書長溝通不順暢，想說透過質詢來處理問題，口氣也就比較強烈、沒有那麼客氣，覺得自己就是據理力爭，沒有想那麼多，但市長當下就跳出來說：『你要對這些局處長尊重一點啦！你姐姐以後也是要做市長的人。』也因為這起事件引起一些風波。」

積極做自己認為對的事卻被黨內前輩當面訓斥，對於陳怡珍來說，替地方爭取建設，提出質詢、監督是份內工作；況且質詢對象是市府的秘書長，卻莫名地被訓斥，確實是相當錯愕、沮喪的。

「質詢結束後我情緒很低落，因為遇到市長這麼兇，也覺得心理上很有壓力。回到研究室就把手機放到一邊開始沈澱，當時很多人打電話要找我，但我都沒有接，姐姐也是急著打電話找我，找整天都找不到人，她也跟著緊張，想說我妹妹是不是怎麼了。」

「姐姐一直表達她的心疼跟不捨，一直鼓勵我。」

雖然怡珍打趣地說道：「姐姐的愛像媽媽，但更像是後母。」

不過姐姐為她爭的每一口氣，都給她很大的安慰，她知道永遠有個強大的靠山，讓她可以無懼向前。

＊怡珍給姐姐的悄悄話

「要跟上姐姐這個急驚風的腳步，我自己的速度也要變得很快；除了努力做好本身議員的工作，做為『陳亭妃的妹妹』也不能鬆懈。姐姐自我要求極高，我也因此擔負很大的壓力；但另一方面對我來說，天塌下來都還有姐姐在撐，有這樣的後盾是我的幸運。」

「讀台南女中的時候，姐姐你在當議員，支持著我；到我讀大學，你依然給我強勁的後援；現在換我站到你身邊，協助你完成屬於你的理想。」

「在你身邊一路走來，我知道你真的很辛苦，生活當中只有工作，很少有時間想到自己，永遠把民眾的事情擺在首位，數十年如一日。我希望姐姐能夠多注意自己的身體，多留給自己一些時間，稍微休息一下，再繼續前進。」

「因為這本書的訪談，這陣子可能是我稱呼陳亭妃『姐姐』最頻繁的時候了；我們雖然差七歲，但是從小吵到大，相處模式更像是好朋友。印象中，好像沒怎麼在叫姐姐，都直接叫陳亭妃；回想起來，她常說我平常都不太叫她姐姐，但只要一叫，就代表出大事了，所以還是不要叫姐姐比較好。」可能是因為，怡珍一直都知道——「姐姐」這個詞代表的是她最好的依賴。

陳亭妃是妹妹的最強後盾，陳怡珍也是姐姐的最強後援。

陳怡珍
1
陳怡珍
市議員
候選人
1
陳怡珍
陳怡珍

07 女力當家

女生太柔弱？太感性？政治這種工作不適合女生？

在父權社會的邏輯思維裡，女性是需要被保護的、過度情緒化的，但實際上真的是這樣嗎？

＊「性別平權？事實是女性從政還是會被物化、歧視」

台灣的政壇中從來不乏優秀的女性人才，二〇一六年的總統就職典禮也迎來台灣首位女性總統蔡英文，台灣政壇的女力遍地盛放，卻還是會碰上許多困難與挑戰。

「不論是在社會上或政治圈內，還停滯在父權思維的男性，就會用刻板印象來看待女性從政，有的還會去物化女性政治人物，認為女生就是依靠外在條件優勢來上位，一定是因為背後有什麼大佬或有力人士做靠山，才可以在政治圈裡待這麼久。」

陳亭妃作為女性從政者少不了面對這些閒言碎語，但從政後的每一哩路，都是她用體力、耐力及能力在持續邁進的。

「即便現在社會氣氛是用力在倡導性別平權，但女性從政還是很容易遭受刻板印象的歧視；例如蔡英文作為女性總統，就會被質疑沒當過兵怎麼做好三軍統帥，但事實上小英總統有有幕僚、有智庫，只要將國家的國防、外交、兩岸政策處理得宜，怎麼會沒資格擔任三軍統帥？」

女性參政容易因為過往的性別不平等而遭受無端地歧視，反而使得她們更加堅強、勇敢，用心投入去證明女力的價值。

❃ 女力的柔韌，魅力無法擋！

溫柔又細心、認真又負責，女性的刻板特質轉化為優勢，「柔韌」是我們的本色。

「努力認真才能被看見，女性政治人物比較沒有非大事不做的包袱，而且都非常積極投入工作；女性也相對容易有母愛的天性，與選民的互動會有不一樣的貼心和溫度，可以像媽媽、姐姐一樣很自然地去照顧選民們的日常。」

小事情也不放過，每個細節都藏著魔鬼，這是魅力所在。

「傳統父權時代，家庭中的女性就是要肩負一家大小的生活起居庶務，為了成全家人不顧自己的犧牲，把自己的順位放得很後面。帶著這種精神從傳統家庭觀念中解放的女性，在從政後則是把選民放在第一位。」

為他人全心奉獻的努力，讓人充滿安全感，是堅韌的溫柔。

✻ 女力的延展擁有無限可能

女性從政是一種表率，可以讓還在舊時代框架中的女性認知到自己的潛能無窮。

「以前傳統的家庭觀念就是『男主外，女主內』，女生也要『嫁雞隨雞，嫁狗隨狗』婚後多是以丈夫為主，生完小孩後又要擔起教養的責任，總是忘記好好關照自己。」陳亭妃認為，女性參政除了能站在女性的角度去考量事情，還能誘發其他女性的行動力，讓她們知道自己是有能力可以做得更多、更好的；這也是在各個職場中，女力越來越受到重視的原因。

「關注婦女、親子及教育等議題，就是我們的本能，相信自己、好好做，是女生也有無限的可能。」

✻ 綠色女力「GoGoGo!」

女性力量的覺醒是一點一滴的積累，像滴水最終能穿石。

「蔡英文當上台灣首位女性總統，是台灣女力被全世界看到的重要里程碑；回歸到台灣本身相對應的，是各縣市首長的女性比例隨之提高。尤其民進黨從早期就開始在各個領域積極爭取女力的參與，也結合民間的力量一起推動，試圖讓政府重視女力的發展；像是職場的平權運動及爭取婦女保障名額，都是很實際的例子。」

女性的社會價值不再受限於服務家庭，不論是職場還是政壇，女力只要能發揮，都會成為亮點。

「為什麼女性的機會是一直在增加的？因為女性靠自己打破性別上的偏見，證明了自己的能力。我認為女性比男性多了更多對於親子及教育的意識，因為她們往往承擔了傳統相夫教子的任務，反而成為家庭中最堅實的存在。」

浸潤在阿嬤和媽媽的愛中長大，陳亭妃看過女力的堅忍，也感受過女力的和煦。

女力的柔性特質，「細心、貼心、用心還有耐心……」因為柔韌的力量，綠色女力更善於同理與傾聽他人的需求。

08 只有工作，馬不停蹄的26年

享受生活是什麼？

是看見旭日在山稜邊上緩緩升起的希望，還是午後時光回沖一壺花草茶漫溢的香氣。

❋「『享受生活』簡直離我太遠了」

「把大家對陳亨妃的期待做好，把陳亨妃對大家的責任顧好，就是我的工作、我的生活，其他的我實在沒有時間去接觸，享受生活這四個字簡直離我太遠了。」

慢下步調、細品生活，根本不在陳亭妃的想像內，更不可能落實在她的日常中。

在政壇服務二十多年，從來沒有一刻閒置下來——想到就去做，邊做事又邊想著下一步，把一天當成三天在用；這就是陳亭妃的「妃人」生活，飛天遁地的飛人加上非常態的非人。

重新感受生活的契機竟是源於身體的警訊，因為這邊痠、那邊痛，求醫後才接受建議開始嘗試接觸重訓。

「大概兩三年前，因為腰痠的毛病犯了，我很怕是長骨刺，趕快跑去看醫生做檢查，結果醫生說沒什麼問題，就是肌耐力太差。」

陳亭妃錯把勞動當成運動，以為到處奔走的操勞可以達到運動效果，殊不知換來的是全身的過勞。

❃ 第一次重訓累到無法回家

「我開始到處詢問運動的事情，最後找了同事推薦的教練帶我訓練肌耐力，我印象超級深，第一天訓練完後，我整個人就直接癱掉了。」

自覺活力、體能滿點的陳亭妃第一次重訓就累到回不了家。

「平常再怎麼疲倦我都堅持要從台北搭高鐵回家，但那天下課後，我打電話給媽媽，用很微弱的聲音說，我沒有力氣回家了，快把她嚇死；媽媽在電話那頭被嚇壞，心想著亭妃是怎麼了，居然回不了家。」

平常，只有在隔日一大早立法院有甲級動員，或要提前衝去排第一位質詢才有可能待在台北、睡在辦公室；回家的路竟然會被一堂重訓課阻斷，亭妃對著我們激動地說，「累到回不了家，還叫助理趕快幫我訂一間飯店，因為教練有交代，回去一定要泡熱水澡，不然我隔天會爬不起來。」

雖然首次重訓體驗就讓陳亭妃痛到哇哇叫，但還好恢復得快，接下來的訓練一次比一次上手，一路減去十多公斤的脂肪，還提升了肌肉量，不僅體態變好，精氣神也更加飽滿，她才恍悟：應該要更愛自己一點，哪怕只是多一點點都好。

「運動讓我好好靜下心來去感受，讓我發現能為自己做一件事，就是一種享受生活的方式。」

❋ 透過運動，深沈感受自己

疫情結束後活動又塞滿了，行程表上剩下零零碎碎的時間。

「之前有那麼完整的時間去運動，也是剛好碰上疫情的空窗期；不過我現在都會用瑣碎的時間來運動，簡單的十五分鐘也好，認真去覺察自己的身體狀態，即便是很短暫的，也能讓我很享受、很放鬆。」

立委辦公室的沙發邊放著一台飛輪，辦公桌旁還有台跑步機，這些運動器材都是讓她舒壓的魔法道具。

「在家裡我也會看著資料同時用搖擺機，讓自己維持訓練，換不同姿勢來鍛鍊肌耐力，再去用瑜珈球拉筋、伸展，雖然都只有短短十五分鐘、十五分鐘，但累積起來就變成很可觀的、自我療癒的能量。」

接觸健身後調整了生活的步伐，也更關注身心的平衡，陳亭妃以前只顧著工作，卻忘記「健康」才是根本——「保持最佳狀態，才能挑戰任何角色」。

❋「現在媽媽都說我是水牛」

「我以前喝水就會反胃，水根本是我的死對頭。重訓教練交代要多喝水，所以怡珍就陪我去買水壺，但她卻在旁邊一直叨念，『不要買太好哦，反正可能一個星期就弄不見了』。」陳亭妃想起妹妹的話，禁不住咯咯地笑出聲來，看來身邊的人都知道她對水深惡痛絕、勢不兩立。

「很奇怪的是，我開始重訓後，因為要先減脂，我就強迫自己禁喝飲料，只喝白開水；果然還是『老師說』才能讓我有毅力去達成目標。現在我每天早上一大壺、晚上一大壺，我媽都說我是水牛。」

養成喝水的好習慣後，皮膚逐漸光滑澎潤，更收到許多人對她膚質的讚美；讓陳亭妃越來越有自信，甚至開始跟他人分享飲水的重要性，沒想到用簡單的保養方式，也能擁有羨煞旁人的「水光肌」。

好好聆聽自己的聲音，靜下心來為自己做一件事，就能體會生活的豐饒。

09 受傷的女生 #MeToo

「不瞭解我的人，只會用物化女性的方式，拿我的外型、年紀、性別，在一場場選舉重傷我。」

✻「政治會讓自己失去人生的許多事」

剛從政的時候，有位同樣出身媒體圈的民代前輩，語重心長地叮嚀：「踏入政治圈的年紀越輕，人生當中的一切，自然而然會失去得越多；包括玩樂、婚姻、自我，尤其是身為女性，只會更辛苦。我二十六歲就踏入政壇，失去的東西已經多到算不清了，現在居然看到有一個二十三歲的年輕妹妹滿懷理想，要重演我的故事，很不捨。」

前輩的話是什麼意思？政治工作明明是自己鍾愛的選擇，怎麼會有種無奈感？

陳亭妃當下只覺得：可以實現自己的志願是幸福的啊！

走到現在她才恍悟。

長得漂亮的女生就活得比較輕鬆？年紀輕就容易招蜂引蝶？從政的女性背後必有金主爸爸撐腰？三言兩語就能傷害女性。在陳亭妃的政治旅途中，抹黑她、攻擊她的種種謠言，陳亭妃似乎都沒有少受過；年輕的女性政治人物總難逃脫被物化的風暴，被惡意地製造輿論，含沙射影、含血噴人。

年少參政，陳亭妃好像成為很多人的眼中釘，數十年來明箭與暗箭，所有流言蜚語如同鋒利的箭矢朝她從政的一片真心狠狠刺去，萬箭穿心；但她也只能咬著牙，以巨蟹座堅硬的殼來抵禦攻擊，戀家又充滿母愛的柔軟本質生出鎧甲，就為了保護所有珍視之人。

「政治即生活」，投身政治工作後，犧牲掉的部分就是再平常不過的每一天，可能是柴米油鹽的平淡日常，也可能是溫馨美滿的家庭婚姻。

「我後來也漸漸明白前輩的意思……每一天的工作忙得沒日沒夜，除了處理公事，就是跑行程，完全犧牲自己所有的時間。」

❀ 妃妃姐姐來了！

「我好喜歡小孩子，也好喜歡和小孩子拍照，因為特別的自然、無拘無束。十年的議員分組都在教育小組，當立委的前十年也都是在教育文化委員會；經常會有參與親子活動的機會，活動現場的小朋友跑跑跳跳，還會跟著化身童話故事角色的哥哥姐姐們手舞足蹈，看到他們很有活力、很天真的樣子，我都忍不住想抱抱他們。」

廣場上搭起的紅白帆布棚頂，舞台背板印著繽紛的圓圓Q體字，配著卡通化的妃妃姐姐；台上小朋友一字排開，輕快的旋律搭上娃娃音唱的「ba~~by shark doo doo doo」，大家隨節奏擺動，定睛一看，帶頭的竟是陳亭妃，「妃妃姐姐親子活動派對」上，搖身一變成為幼幼台大姐姐唱唱跳跳。

沒有自己的小孩，卻把每個選民的孩子當成自己的心頭肉，那種母性的本能，在遇到孩子爛漫笑容的頃刻間被激發。她舉辦給小孩子的每場活動，都是想讓小朋友可以快樂成長，給他們最溫暖的擁抱；巨蟹座的戀家與愛心，讓她抑制不住關愛小朋友的衝動，支持者也樂於看見小朋友與妃妃姐姐互動。

按照身高前前後後站好準備合影，小朋友咧開小小的嘴巴，露出大大的笑容，手上比著勝利的手勢，喊出「西瓜甜不甜」；活動尾聲的大合照環節，陳亭妃都會拉著他們或抱著他們拍照，因為小朋友真的好可愛！

這麼受家長與小朋友歡迎的妃妃姐姐，怎麼會突然被自己的媽媽警告：「不要再去抱人家的小朋友了！」

❋「誰是我的小孩？」

家裡成員單純，只有媽媽、妹妹和亭妃三個人，哪裡還有其他小朋友？

感情交白卷的黃金單身女性，工作忙到忘記照顧自己，更別說是找對象談戀愛、成家生小孩；但外界總是會拿妃妃姐姐抱著孩童的照片捕風捉影，大做文章。

「曾經，有人為了選舉中傷我，把別人的小孩造謠成是陳亭妃的，搞到小孩的媽媽趕快跳出來發臉書公開澄清：『陳亭妃抱著的小孩，是我親生的啦！拜託一下，真的不是委員家的。』」

「你不要再去抱人家的小朋友了！每次都要被亂講成是你在外面生的。」亭妃媽媽沒辦法阻止外人的抹黑，只能用這種方式保護女兒；但要陳亭妃壓抑本能的母愛是很痛苦的，作為一個教育的參與者多年，她早就把家鄉的每個幼苗都視作己出。

如果將這些關於陳亭妃的謠言與抹黑蒐集成冊，光是「陳亭妃的小孩」，應該就載滿一台遊覽車了；大家可能都忘了，孩子的生命是要經歷母親十個月的妊娠，陳亭妃從來沒有從大家的視野銷聲過，如何大著肚子而不被察覺？難道是陳亭妃的小孩比較特別，可以從石頭裡蹦出來？奇怪的是，如此荒謬的謠言還是有人會相信。

「一開始聽到那些謠言內心真的很難過，也非常挫折，明明我是一個極專注自己工作的人，為什麼有心人一直要用不實的流言傷害我，企圖阻攔別人看見我的認真與用心，甚至是我身邊的朋友都要莫名其妙地被牽扯進來。不知道好友們會不會覺得，認識陳亭妃好像有點倒楣？」或許這就是有心人的政治目的吧？離間亭妃與朋友的感情，以及破壞選民對亭妃的認同感。

媽媽只要想到誹謗亭妃的謠言就會來氣，「怎麼有人這樣傷害我女兒，她每天早上天還濛濛沒亮的時候就出門，搭車去台北立法院忙到傍晚才準備離開，到台南還有行程要跑，一整天下來，飯都沒有好好吃，所有的時間都被工作塞爆，還要被人家黑白講，實在是很過分，也很不公平。」

「媽媽氣到想要衝去跟人家拼」，從丈夫到女兒們，大半輩子都給了政治，媽媽被謠言中傷的程度不亞於她；陳亭妃看見為自己操碎心的媽媽，她知道自己不能再白白受委屈，為了所愛的家人，一定要站出來直球對決，也告訴所有曾經受到傷害的女孩——「你不是孤身奮戰，我與你們同在」，一起捍衛女性的尊嚴。

❋ 最好的防禦是出擊

七年前，陳亭妃跟謝龍介競爭台南第三選區的立委，選舉的潑髒水手段直接在各廟宇前搬演。

「那時候他沒有指名道姓，在廟會活動散播跟我相關的謠言，講得繪聲繪影，深怕聽的人不知道是在影射我。本來是想直接告他，但律師就跟我說謝龍介他很會閃，故意不提到人名，這樣告不起來」，陳亭妃的個性就是「不吃悶虧」，遭受無妄的謠言重擊，一定要算清楚，讓造謠者知道她沒有在怕！

「當謝龍介在節目上提到陳亭妃三個字，隨便攀扯我，甚至抹黑、傷害、物化身為女性的我。」一得到充足的證據，她就立刻找來律師對謝龍介提告；法院裁判謝龍介敗訴，司法證明了陳亭妃的清白。

「我除了告謝龍介，還有對一個網友提告過，對方利用網路發表言論，除了胡亂搬弄是非，還歧視與物化女性，我當然也是訴諸法律，最後也得到勝訴。」

不管今天是對誰，只要遇到衝著女性來的不公待遇，陳亭妃絕不縱容；她要為所愛的親友們站出來，也要成為每一位女性的強勁後盾，將過往的委屈都轉化成突圍的長矛，無懼性別暴力、勇敢出擊。

10 「一指妃」的落寞與孤獨

晨曦還未露臉，黎明前的寧靜時刻，被深居地底的狂躁巨牛撞破——芮氏規模6.6的強震，震垮台南的維冠金龍大樓，也震碎酣睡的美夢，罹難者的時間停在二〇一六年的二月六日。

✻「《災防法》沒修，災民無法得到補償」

想起爸爸質詢帶中堅持不懈的影像，都會忍不住的想哭，因為那種孤獨感，沒有親自走過真的不會懂。

二〇一六年的美濃地震造成台南維冠大樓倒塌，罹難人數高達百餘人，成為台灣史上，因單一建築物倒塌，而造成傷亡最慘重的災難事件，引得全台關注；但強震之下，還有更多失去家園及房屋毀損的受災居民，苦苦等待著支援和協助。

「0206震出土壤液化問題」是當年陳亭妃選區內的重大災害，但相比搶救人命的迫在眉睫，政府集中量能投入維冠大樓的救援行動，房屋傾斜的問題只能擱置在次要順位來處理。

「0206的強震造成很大的衝擊，災區現場的房子倒的倒、歪的歪，當下災民都是很焦急的；傾斜的房屋沒辦法住人，家當都留在屋子裡面，心碎得不知道該怎麼辦。我也只能一個一個去安撫，儘速幫忙安排暫時住所，跟大家說『你放心，政府不會棄你於不顧』；但我心裡是很忐忑的，因為我知道《災防法》並沒有土壤液化的補償標準，如果依照當時的法規走程序，民眾是得不到任何重建家園的補償；所以我必須堅定修法的決心，不屈不撓，因為我知道，只有完整的《災防法》才能真正給他們支持和保障。」

第一時間、第一現場，面對災民看著家園一夜之間變危樓的焦慮與脆弱，陳亭妃能做的只有向民眾承諾，請他們安心並相信政府。

「《災防法》一定要修，沒有任何妥協的空間，才能符合災民的期待。」這是亭妃的信念。

災區傾頹的屋牆、民眾悲慟求助的神情，深深刻印在她的心底，時刻掛念；陳亭妃在政府處置完維冠大樓倒塌的任務後，旋即提出法條的修正案，讓土壤液化造成的災損補償可以被納入《災防法》中。

心繫著受災戶的期盼，陳亭妃力推修法，卻未料到眼前之路竟是滿布荊棘。

❋ 即使孤軍奮戰，仍負重前行

陳亭妃召開記者會，讓大眾瞭解「土壤液化」嚴重危害的情況。

因為無法將災區現場搬移到台北，又希望能還原真實情景，她只能帶著一包從受災區挖出來、受土壤液化作用的泥土，到記者會說明；此舉卻被有心人當作攻擊素材，媒體眼中的陳亭妃變成「一指妃」、「一指神功」，瞬間淪為網路論壇及政論節目的訕笑對象。

即便有教授出面證實陳亭妃在記者會指出的現象，正是台南地區受土壤液化作用後，變成嚴重災區的實際狀況；她還是難敵政治黑手，馬拉松式的新聞曝光效應，輿論攻擊鋪天蓋地襲來；然而，土壤液化必須納入《災防法》的重要議題，在大眾眼前完全失焦。

「那是我從政十幾年來最無助、最難受的一段，除了直接體驗到輿論的可怕，更承受兌現選民承諾的壓力；在此之前，我真的無法想像政治怎麼可以如此冷血、絕情，竟然可以違背事實真相到如此地步。」

一邊背負選民的期待，一邊承擔不被理解的寂寞，分分鐘對陳亭妃來說都很難熬；但她仍舊告訴自己：我一定要堅持，因為我知道這是對的事，災區的民眾還在等著我。

記者會依然一場一場的開，法案修正的推動會議也從未停歇，更要對抗四面八方、不分青紅皂白的阻撓與抹黑；當大部分人都勸她放棄的時候，陳亭妃的心又會隱隱作痛，選民眼神中的黯然與徬徨一針針刺痛著她柔軟的心。

「當時內政部也有來勸過我不要修法，但我直接說『不行！土壤液化這件事一定要修進法條裡，對人民才有保障，不然日後再遇到同樣的問題還是無法可管』。」堅定自身立場、找來學者背書，用盡一切努力終於換來《災防法》的修正；陳亭妃不僅讓民眾能獲得應有的災害補償，更替0206受土壤液化的地區爭取作為土壤改良全國示範區。

「對我來說修《災防法》就是一場博弈，一路上非常艱辛，那段日子只能用『度、日、如、年』來形容。」

堅持一件對的事很難，尤其還處在腹背受敵的境況，但陳亭妃還是做到了。

❋ 追憶父親爭取「大港國小」的堅持

有沒有想過放棄？

「如果連自己的承諾都無法堅持，我又有什麼資格讓選民來支持我。」

「因為我陪伴著這些災民、理解他們實際的無助與擔憂，所以我才能同理他們的傷痛。」陳亭妃慶幸當初的自己捱過風雨走到最後一步。

看見災民們得到應有的援助與補償，感到安心的笑顏在他們臉上綻放，她懸吊的憂心才終於放下。

「說到這段我的眼眶都會泛紅，再加上想到爸爸當時爭取大港國小，孤獨又艱難的過程；經歷這些波折後，我才能真真正正體會到爸爸當年的堅持是多不容易。」斷斷續續的字詞好不容易組織成句，一滴淚珠從陳亭妃的側臉滑落。

「堅持做對的事」是亭妃與爸爸的默契。

在理解了爸爸的一霎時，恍惚間，她似乎感覺到爸爸像當年牽著小亭妃的手一樣牽起自己；只是這次換成爸爸說：「請大家一定要支持我的女兒陳亭妃，她是我的好女兒。」

陳亭
陳亭妃
記者出身
佳照女兒、望您牽成
陳亭妃

11 嫁給台南的「酸甘甜」

初春的南台灣已有明媚的陽光，透著暖意映照著鄉土。五年多前的台南市長黨內初選，陳亭妃帶著媽媽與妹妹佇立在和暖金雨中，揭開競選影片的神秘面紗；沒有虛華的包裝，內容全是屢見不鮮、各司其職的日常小人物。

❋ 媽媽終於點頭嫁出寶貝女兒

「當媽媽的，最擔心女兒沒結婚、將來老了沒依靠。」亭妃媽媽說著當媽四十多年來最操心的事，一唸也唸了大半輩子。

起初非常反對女兒從政的媽媽，最後還是陪在亭妃身旁，看著她一頭栽進去。

「這二十六年來，亭妃只要聽到民眾需要幫助，她立刻就出動，上山下海走遍每個地方。」

陳亭妃沒日沒夜地拼到現在，就算媽媽有再多不捨也勸不住，她就是個政治狂人。

「我這個做媽媽的最明白女兒的心意——堅持要實踐對選民的承諾；當我同意亭妃參政的那一刻起，大概就知道我要把女兒嫁給台南了。亭妃是個執著的小孩，只要『答應』，就會力拼到底，不可能讓任何雜事來干擾她；而參政就等於『答應』選民，這也是她二十六年來從未停下腳步的原因。我也不知道還能陪她多久，就只能拜託所有台南市民，幫我一起來做亭妃的依靠。」媽媽帶著暖陽般的笑容，將陳亭妃託付給選民，溫情喊話中洋溢欣慰與感激之情。

✻ 大家眼中「不敗女王」的首次敗仗

靠著用心與勤懇，打下屢戰屢勝的佳績；人稱「不敗女王」的陳亭妃，卻在二〇一八年的台南市長初選，吞了首次敗仗。

二十三歲投身政治，從地方到中央，在政壇耕耘二十多年，把全台南當成自己的大家庭。

「五年多前的初選，台南各區都有成立陳亭妃後援會，雖然市長初選的挑戰沒有成功，可是這段時間，後援會不只沒有解散，我們大家的感情甚至已經昇華成兄弟姐妹；他們會不斷地叮嚀著我，政治沒有放棄，只有奮不顧身。」陳亭妃回憶起初選最大的收穫，便是從選民身上得到溫暖的力量。

她是第一個在市長初選就規劃政策白皮書的人，「出生於台南，深知台南人的真實需求」；陳亭妃把選民都當自己人，不擺架子、熱心關懷，拿出真心實意，才換來每個支持者親如家人的情誼。

「市長初選結果一出爐，後援會的每一個人都哭成一團。」為了不讓大家看到自己的失落後更加難過，亭妃必須將落寞的心上鎖，提起精神用笑臉迎接所有人。

「我沒事！我很好！你們放心，我會繼續努力。」陳亭妃永遠都是這樣說。

脆弱有時，孤單有時，陳亭妃只能蜷縮進被窩裡，暗自潰堤，任憑眼淚橫流浸濕枕頭；鎖上的心傷沒有一刻不在掙扎，但是為了讓愛護自己、支持自己的人心安，她必須成為最堅強的那個人。

❋ 後援會支持的力量，是亭妃上山下海的能量

政治多數時候既現實又絕情，若選舉結果不如預期，後援會大概就會自動解散；但陳亭妃的後援會卻完全不同，市長初選結果出來，會長們只有一句話，「我們不會散，我們要繼續服務，我們要信守初選時對選民的承諾」。

「我的後援會已經變成保護亭妃的避風港，也是亭妃上山下海的能量，它就像是另外一個『家』，這個家的成員都是我的兄弟姐妹，也因為認同的力量越來越多，所以會長們自己開會決定，要定期輪流舉辦家庭聚會，凝聚彼此的感情。」家庭聚會的熱度不斷攀升，大家都會期待下一次團聚的時間。

「我們抱持著共同信念，『選舉是一時的，但感情是永遠的』；大家就跟兄弟姐妹一樣。」陳亭妃在挫折中看見人情煦煦，她明瞭政治這條路有人比肩同行，她絕不孤單。

「這五年多來，後援會兄弟姐妹們的不離不棄，這樣的感情是不可能用物質、利益去衡量的，完全是出於情感的無私與信任。」原來政治可以這麼溫暖——陳亭妃從後援會的互動上感受到的熱情與真情，都是她走下去的原動力。

「如果沒有這些人的真心相挺，我很難走到今天。」

一路從地方走到中央，一路從助選小女孩走到不敗女王，從政的故事開始於爸爸，也開始於我的台南、我的家。綠色女力的政治旅途就像那句歌詞，「初戀愛情酸甘甜，五種氣味唷」，所有相伴於行旅的愛與溫暖，都是奮不顧身、一往直前的原動力。

全臺首學
Tainan
挺台灣

妃行指南

01 重現小亭妃的從政夢

綁著公主頭幫忙助選的小女孩、二十三歲初選議員的青澀少女、中央最年輕也最資深的女力強棒，每個面貌都是陳亭妃——在不同階段、不同身分展現獨屬於自己的努力與美麗。

＊

「政治人物不喝酒，你不用選了啦！」

做過議員的女兒、當過記者和主播，怎麼會不知道喝酒應酬的重要性？

「堅持不喝酒，我從最開始從政的時候就是這樣。」

陳亭妃去跑行程時也常會遇到需要應酬的場合，但她從來都是以茶代酒，堅決不沾任何酒精。

「政治人物還不喝酒，你不用選了啦！你這樣沒有機會選上啦！」一個操著戲謔口吻的中年阿伯提起音量，惟恐別人沒聽見他說這句話似的，朝著亭妃這樣說；她遇過不少刻意為難的人大聲嚷嚷這番話，蓄意刁難，但陳亭妃不但沒有遷就，反倒讓她對自己的原則更加堅定。

不喝酒的這個從政小原則持續二十六年了，後來遇到有人故意要逼酒挑事，身旁的人都會跳出來說：「陳亭妃沒在喝，我幫她喝啦！」

從自己一個小姑娘僵著臉難為情地推辭，到同僚乃至交好的選民，只要熟識陳亭妃，只要知道她沒在碰酒的大家，都會搶著要為她「擋一杯」。

❋「我的老闆原來這麼單純」

身為從政的年輕女性，免不了經受許多白眼，但陳亭妃從來不畏風雨，純粹做好份內的事，為選民、為家人奮勇向前。

「有次總統大選，有一個跟了我很多年的助理，和我說想去黨中央看看、學習一下累積經驗，我就讓他去了；隔了一兩個月助理回來，他就分享『去了黨中央我才知道，原來我的老闆這麼單純』，因為他眼中所及的老闆，生活就是工作、工作、工作。」

陳亭妃的生活質樸簡單，做事原則清清楚楚，概括來說就是單純、純粹。

❋「每個選民都是我的家人」

「始終如一、不改初衷」在二十三歲進入政壇的那刻，到嫁給台南二十六年的今日，「為民付出」就是陳亭妃的從政夢。

「我從政的理想，就是要為人民爭取權利、解決民眾的痛苦。」

街坊巷里的水溝不通、學校缺一座操場、公園的設施不完備、房屋傾斜倒塌的災害救助、民生經濟的發展協力，人民權益的法案修正，只要關乎民眾，就關乎陳亭妃。

「有些人為了打擊我，都會把我說成是有三頭六臂的女子，才能飛天遁地走到今天；但所有的成果都是我用時間、精力一步一腳印換來的。」

很少有人真正瞭解到，她是如何將青春投注在政治工作上；但陳亭妃能走進每個選民的心中，靠的都是不辭辛勞地效率服務與體貼入微的關心。

「我把每個選民都當成家人，跑行程就是我和家人的約會時間。」

從政二十六年來，民眾跟陳亭妃的關係像是一家人，而家人們就是她的靠山，相處多年，漸漸熟悉、慢慢緊密。

人與人的真心互動是用錢也換不來的。

「選民是我珍貴的家人，他們對我放心，我也對他們盡心。」

陳亭妃不敗的秘訣，一直都是「不改初衷」。

02 中央與地方，「1+1>2」

「我只是在大眾當中的一個人而已。」

✻ 我的民代角色

能不能去解決大眾的問題？能不能用同理心，把別人的問題都當成是自己的問題？

身為一個立委、民意代表，陳亭妃想的，都是能不能把職責做到最好、能不能完成民眾的囑託。

「我對於自己的定位就是一個解決問題的人、一個把願景變成實際規劃的實踐者；因為我是立委、是民意代表，我有機會用這樣的角色去幫助別人做得更多。」

「為民服務」從來不是件簡單的事，但陳亭妃卻當成是自己一生的志業，在政治的田地耕耘、為自己的鄉土奉獻。

在立法院中央，拉高視野用不同角度體察民意，找到對全國人民最好的施政方針，從長者、婦女到小朋友，以及教育和經濟的重點，都是陳亭妃擅長的議題領域；在台南地方，她能近距離接觸選民，直接傾聽意見也同時視察施政績效，監督中央並完善配套措施。

陳亭妃作為一名區域性立法委員，工作層面包含著地方與中央，她透過民意代表的身分掌握兩者的特點，互相發揮作用，契合彼此的民主功能。

＊「我是志工，也是溝通平台」

「立委難道只有負責修法嗎？」

「我在開道路安全交通公聽會的時候，我就會想立委修了法條，後續的執行、工程、號誌規劃種種，都需要持續監督；否則只有修法沒有配套與執行面，怎麼會有用呢？」

陳亭妃開公聽會是為了全盤考量，而不單是完成修法的作業。

「我現在都會說我是屬於民眾的志工，也是提供大家溝通的平台，召開公聽會邀請關注議題的民間團體共同討論，讓政府與民意可以協作；找出更多執行面向的可能性，也讓公部門能努力將服務做得更到位。」願意做一個志工的角色，也成為協助大家溝通的平台，這是陳亭妃認為的政治工作。

✻「點、線、面」串起台南的未來

五年多前的台南市長黨內初選，陳亭妃的政策白皮書就已經將台南規劃藍圖公布。

「走過台南合併升格成直轄市，我已經在地方深耕多年，瞭解民眾的需求；明白如何讓台南變得更好，也相信自己有能力做到！」

台南升格直轄市時，總人口數尚未達到標準，而是用文化資產作為台南合併基礎；因此在六都之中台南是個特殊的城市，既有豐富的歷史發展文化，也有最現代的科技應用資源，還有多元的自然生態環境。

「要如何將最尖端的高科技技術，與最傳統的豐厚文化底蘊串聯」，是台南發展的重點。

✻ 三級產業全面規劃，高齡化的長照重點

在陳亭妃為台南市提出的政策白皮書中，有三大重點規劃：第一是輔助產業結合行銷與科技技術，發展群聚經濟，達到一、二、三級產業全面升級；第二是強化交通效能，提升通勤效率，進一步促進城鄉流動；第三是針對長照資源的投

入，多方整合長照體系，以做好迎接「青銀時代」的準備。

傳統農林漁牧業，設置專用區，推動社區營造，建立農產集散中心，發展農業科技，提升行銷、產能、經濟價值，打造四季農產豐收大台南；科技產業採「三軸五動」，沿海、核心、沙崙三軸，分別以魚電共生、群聚經濟、綠能科技「三軸」做重點延伸，「五動」則在於提升就業率、強化研發力、高值化轉型、生技綠能永續、民間參與開發，填滿五角雷達圖。

「交通運輸七彩行」主要在解決日常的交通問題，從最基本的路平專案、生活圈道路，改善用路環境與交通效能；到公共運輸的資源整合，市區的捷運規劃、郊區的多元運輸，提升整體大台南交通便利度；另外，規劃自行車道系統的遊憩路線，將都會區與風景區串聯，實踐低碳與娛樂的雙贏交通。

遠瞻長照需求，做好準備面對超高齡社會。長照體系旨在開發人才及整合資源，並建立醫療網路，提高醫病效率；給長者及其家屬便利、優質、暖心的照護環境，降低社會悲劇的發生，安心迎來「青銀世代」的大台南。

❃「沒有人比我更瞭解台南」

規劃十二區域的發展，陳亭妃做到在地化、人性化，針對不同的鄉土特色，提出最適合的的方案。

從小就在這塊土地生長，不曾離開，比別人待得更久、走的地方比別人更廣。

「可以提出台南發展的政策白皮書，是因為我走過台南的每個角落，三十七區的後援會，更讓我有機會上山下海地去瞭解民眾的想法，因為這就是『接地氣』，有這些基本要件，才有辦法解決城鄉的差距，並且延續過去『一府』的光榮感。」

陳亭妃言談中對選民需求與個人責任瞭解透徹，她眼神真摯、自信滿溢，期許自己成為「指南針」，把台南帶向更好的未來。

家藏手路菜

香煎虱目魚

虱目魚是我媽媽故鄉七股、
爸爸故鄉將軍的在地漁產，
所以我對虱目魚情有獨鍾。

準備食材：真空包裝虱目魚肚、油、鹽

美味撇步

- 煎煮前在魚肚上抹薄薄的一層鹽即可，因為食材是新鮮的，不用加味素或味精就非常好吃！
- 煎的時候要控制火候，到魚肉呈現金黃色的酥脆狀態就好，提升虱目魚的口感，切記不要煎到燒焦，焦了就不健康了。

亭妃上菜

- 虱目魚象徵台南精神：竭力不放棄，盡人事聽天命。
- 漁民看天吃飯，無法預估未來的天氣、漁獲的數值，但還是從魚苗開始培育，定時餵飼料、維持好水質，每個養殖環節準備到位、處理突發危機、努力不懈。

美味撇步

- 一開始先用蒜頭爆香完後，以大火快炒維持空心菜脆度。
- 等到空心菜差不多快好時再加入辣椒稍微拌炒，讓整體口味不會太辣，但可以讓菜餚配色更漂亮美味。

亭妃上菜

- 空心菜象徵選民服務：全力完成民眾需求，服務快速有效率。
- 空心菜的特色是生長迅速、韌性高，居家皆可種植。提供便利服務，盡心圓滿民眾的大小事，發揮空心菜的最大韌性，為人民勇往直前。

蒜辣空心菜

空心菜營養成分非常高、
一年四季都吃得到，
我很喜歡吃空心菜。

準備食材：空心菜、油、鹽、蒜頭、辣椒

拌炒三杯雞

三杯料理是爸媽開海產店時，
師傅弄完後交由我負責攪拌，
也是我惟一能學到製作全程的菜。

準備食材：麻油、米酒、醬油、糖、雞腿肉、
九層塔、老薑片、蒜頭

美味撇步

◎一開始的爆香，除了痲油、米酒、醬油各三分之一，再加入少許糖，憑自己的感覺調整用量，看醬汁的色澤度是不是OK，油油亮亮的色澤是好吃的關鍵。

◎最後加入九層塔的提味，才能讓整體三杯雞的香味更上一層樓。

亭妃上菜

◎三杯雞象徵從政過程：嚴格要求每個小細節，腳踏實地。

◎政治之路就如同料理三杯雞，每道步驟都得要求細緻，按部就班執行各階段任務，不能投機取巧跳過某些過程，否則最後色澤不佳、滋味也不好。只要一步步慢慢完成，最後就能達到目標。

後記

後記

精明能幹的陳亭妃是生活小迷糊

「你相信陳亭妃是生活小迷糊嗎？」當我們訪談怡珍議員的時候被這樣反問，一時愣住。

怡珍說：「你有看到房間裡的瓶瓶罐罐嗎？那是因為姐姐認為她的頭腦已經被公眾事務佔據了，無法再花時間注意生活的小細節，制式化的生活模式就是她自己的設定。」

「有次我白目，把她慣性使用的東西換了個位置，呼叫聲就出現了

『陳怡珍，我的化妝水呢？』根本是整到我自己。」

「每次姐姐要出國考察的前一天，需要整理行李的時候，我就會開始焦慮；因為要準備多天的衣服和盥洗用品，生活小迷糊怎麼可能找得到東西，所以她就是用嘴巴整理行李，想到什麼就是呼叫我，想到什麼就叫陳怡珍，東西就跑出來了。姐姐每次到這個時候，都會說一句話，『沒有你，我怎麼辦啊！』雖然當下聽到的時候是很生氣，認為這個姐姐在外這麼能幹，可以處理大大小小的事，怎麼生活這麼糊塗；但是再退一萬步想，姐姐整個重心都在工作，每天南北通勤，連睡覺的時間都不夠了，她哪有時間再去注意這些生活的小細節，這就太為難她了，所以就讓我成為姐姐生活的依靠吧！」

媽媽也分享亭妃的小迷糊：亭妃的健保卡和身分證永遠是媽媽在幫忙保管。

媽媽說：「每次只要亭妃把健保卡和身分證帶出去，她一回家，我就要問她『證件呢？』一定要趕快拿回來，否則大概又要補辦證件了。」

亭妃 愛你哦

媽媽已老了.自己要照顧自己要吃飯

我永遠都愛你、

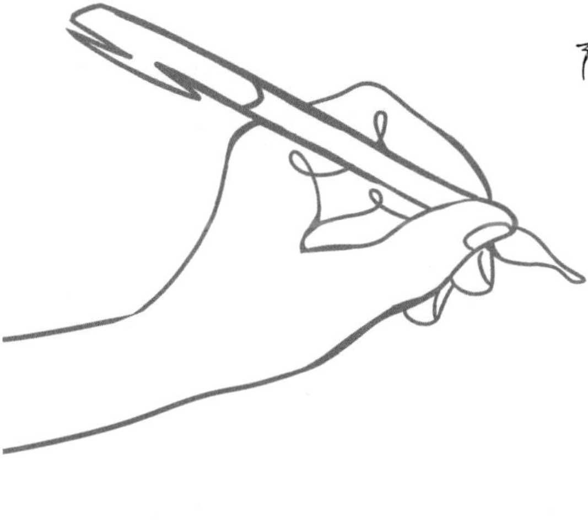

陳黃秀

5月27日

國家圖書館出版品預行編目（CIP）資料

亭・看聽！妃常女力養成記：陳年的台南女兒紅／李惟境　著一初版．一臺北市：放・文創出版社，2023.10
320 面　；14.8×21 公分
ISBN　978-626-97857-0-4（平裝）

783.3886　　112016018

亭・看聽！妃常女力養成記
陳年的台南女兒紅

作　者／李惟境
總策劃／周玉蔻
文字編輯／李惟境
責任編輯／丁　瑄
照片提供／陳亭妃
照片圖說／陳亭妃
照片編輯設計／放・文創設計部
內文插圖繪製／放・文創設計部
封面視覺設計／放・文創設計部
封面標準字／陳亭妃辦公室周少潔
出版者／放・文創出版社
電　話／(02)2701-0495
地　址／台北市大安區信義路四段 170 號 3 樓
電子信箱／fm_sales@fountmedia.io
發行者／聯合發行股份有限公司
地　址／新北市新店區寶橋路 235 巷 6 弄 6 號 2 樓
排版設計：中原造像股份有限公司
製版印刷：中原造像股份有限公司
版　次／2023 年 10 月　初版一刷
定　價／NT.450 元
ISBN ／ 978-626-97857-0-4